Como Conseguir uma
Namorada
e Envolver Pessoas

*Marcelo A. Queiroz e
Luiz C. J. Moreira*

Como Conseguir uma Namorada e Envolver Pessoas

MADRAS

©2001, Madras Editora Ltda.

Editor:
Wagner Veneziani Costa

Produção e Capa:
Equipe Técnica Madras

Ilustração da Capa:
Paluzza

Revisão:
Adriane Gozzo
Rita Sorrocha

ISBN 85-7374-447-2

Proibida a reprodução total ou parcial desta obra, de qualquer forma ou por qualquer meio eletrônico, mecânico, inclusive por meio de processos xerográficos, sem a permissão expressa do editor (Lei nº 9.610, de 19.2.98).

Todos os direitos desta edição reservados pela

MADRAS EDITORA LTDA.
Rua Paulo Gonçalves, 88 — Santana
02403-020 — São Paulo — SP
Caixa Postal 12299 — Cep 02013-970 — SP
Tel.: (0_ _11) 6959.1127 — Fax: (0_ _11) 6959.3090
www.madras.com.br

Índice

Prefácio 11
Introdução às Paqueras 13
CAPÍTULO I
A Paquera 15
    1.1 — Nosso Método de Paquera. 15
    1.2 — Como Arrumar-se para Sair 17
        1.2.1 — Roupas 17
        1.2.2 — Perfumes 18
        1.2.3 — Acessórios 18
    1.3 — Escolher o Local onde Vai Paquerar 19
CAPÍTULO II
Dificuldades e Facilidades de Cada Local 21
    2.1 — Bares 21
    2.2 — Boates 22
    2.3 — Trânsito 23
    2.4 — Comércio 24
    2.5 — Trabalho 25
    2.6 — Festas 27
    2.7 — Viagens 28
CAPÍTULO III
Técnicas de Paquera 31
    3.1 — Olho no Olho 31
    3.2 — Sorriso 34
    3.3 — Posição e Deslocamento pelo Local 35
    3.4 — Passar de Carro onde Ela Está 37
        3.4.1 — Com Seu Carro 38
        3.4.2 — Com Carro Emprestado 39
        3.4.3 — Com um Amigo 39

6   *Como Conseguir uma Namorada e Envolver Pessoas*

3.4.4 — Com Carro Bonito 39
3.4.5 — Com Carro Feio 40
3.4.6 — Que Carro Usar 41
3.5 — Ficar Apagado ou muito Exposto 42
3.6 — Tempo Certo para Interceptar 44
3.7 — Abordagens 46

Capítulo IV
Abordagens Diretas 49
4.1 — Definição 49
4.2 — Parar em Frente à Moça e Conversar 49
4.3 — Pegá-la pelo Braço 51
4.4 — Apresentar-se em uma Mesa e Sentar-se 52
4.5 — Puxar Conversa com a Pessoa da Mesa ao Lado .. 54
4.6 — Esperar na Saída do Banheiro Feminino 56
4.7 — Carro Lado a Lado 57

Capítulo V
Abordagens Indiretas 63
5.1 — Definição 63
5.2 — Por Intermédio de Terceira Pessoa 65
5.2.1 — Amigos Levando Seu Recado 65
5.2.2 — Desconhecidos Levando Seu Recado 67
5.2.3 — Garçons Levando Seu Recado 67
5.2.4 — O que Escrever à Paquerada 68
5.2.5 — O que Pedir à Terceira Pessoa 69
5.3 — Por Telefone 70
5.4 — Pela Internet 75
5.5 — Por Presentes Enviados 78
5.5.1 — Flores 80
5.5.2 — Bichinhos de Pelúcia 82
5.5.3 — Roupas 83
5.5.3.1 — Que ela viu e gostou 84
5.5.3.2 — Que você trouxe de viagem 85
5.5.4 — Sapatos, Bolsas e Outros Acessórios 86
5.5.5 — Doces e Chocolates 87
5.5.6 — Jóias 88
5.5.7 — Aparelhos Eletrônicos 89
5.6 — Paquera Indireta por Cartas e Mensagens 90

Capítulo VI
Paqueras em Bares 93

6.1 — Como Passar em Frente ao Bar 93
6.2 — Como Entrar Observando as Pessoas 95
6.3 — Como Escolher Mesa estrategicamente Colocada 96
6.4 — Conversando com o Acompanhante 97
6.5 — Iniciar Técnicas de Paquera 98
6.6 — Usar Técnicas de Abordagem Escolhidas 99
CAPÍTULO VII
Paqueras em Boates 103
7.1 — Definição 103
7.2 — Comprar Ingresso ou Reservar Mesa 103
7.3 — Posicionamento dentro da Boate 104
   7.3.1 — Próximo à Mesa 104
   7.3.2 — Em Corredores Formados pelo Pessoal 105
7.4 — Técnicas de Paquera Possíveis 105
   7.4.1 — Olho no Olho 106
   7.4.2 — Sorriso 106
   7.4.3 — Deslocamento, Posição e Dança 107
7.5 - Técnicas de Abordagens Possíveis 107
   7.5.1 — Abordagens Diretas 107
   7.5.2 — Abordagens Indiretas 108
CAPÍTULO VIII
Paqueras no Trânsito 109
8.1 — Introdução 109
8.2 — Paquerar com Você Dirigindo 109
8.3 — Paquerar com Amigo Dirigindo 110
   8.3.1 — Você no Banco da Frente 111
   8.3.2 — Você no Banco Traseiro 111
8.4 — Como Conduzir o Veículo 111
   8.4.1 — Velocidade 112
   8.4.2 — Distância dos Outros Veículos 112
   8.4.3 — Arrancadas 113
   8.4.4 — Freagens 113
   8.4.5 — Uso de Acessórios 113
      8.4.5.1 — Faróis 114
      8.4.5.2 — Som 114
      8.4.5.3 — Vidros e ar-condicionado 115
8.5 — Técnicas de Paquera Possíveis 115
   8.5.1 — Olho no Olho 116
   8.5.2 — Sorriso 116

8   *Como Conseguir uma Namorada e Envolver Pessoas*

8.5.3 — Deslocamento e Posição 116
8.6 — Técnicas de Abordagens Possíveis 117
8.6.1 — Abordagens Diretas 117
8.6.2 — Abordagens Indiretas (Impossível) 118

CAPÍTULO IX
Paqueras no Comércio 119
9.1 — Introdução 119
9.2 — Características da Paquerada 119
9.2.1 — Paquerar a Proprietária do
Estabelecimento 120
9.2.2 — Paquerar a Funcionária
do Estabelecimento 121
9.2.3 — Paquerar Cliente do Estabelecimento 122
9.3 — Técnicas de Paquera Possíveis 123
9.3.1 — Olho no Olho 123
9.3.2 — Sorriso 123
9.3.3 — Deslocamento e Posição 124
9.4 — Técnicas de Abordagens Possíveis 124
9.4.1 — Abordagens Diretas 125
9.4.2 — Abordagens Indiretas 126

CAPÍTULO X
Paqueras no Trabalho 129
10.1 — Introdução 129
10.2 — Características da Paquerada 130
10.2.1 — Paquerar Colegas de Trabalho 131
10.2.2 — Paquerar Sua Chefe 132
10.2.3 — Paquerar Subordinadas 133
10.3 — Técnicas de Paquera Possíveis 134
10.3.1 — Olho no Olho 135
10.3.2 — Sorriso 135
10.3.3 — Deslocamento e Posição 136
10.4 — Técnicas de Abordagens Possíveis 136
10.4.1 — Abordagens Diretas 137
10.4.2 — Abordagens Indiretas 138

CAPÍTULO XI
Paqueras em Festas 139
11.1 — Introdução 139
11.2 — Características da Paquerada 139
11.2.1 — Colegas Suas Que Foram à Festa 140

Índice

11.2.2 — Desconhecidas Que Estão na Festa 142
11.3 — Técnicas de Paquera Possíveis 143
    11.3.1 — Olho no Olho 144
    11.3.2 — Sorriso 144
    11.3.3 — Deslocamento e Posição 145
11.4 — Técnicas de Abordagens Possíveis 145
    11.4.1 — Abordagens Diretas 146
    11.4.2 — Abordagens Indiretas 146

Capítulo XII
Paqueras em Viagens 149
12.1 — Introdução 149
12.2 — Características da Paquerada 150
    12.2.1 — Vocês Estão Viajando no
        Mesmo Grupo 150
    12.2.2 — Vocês Estão Viajando em
        Grupos Diferentes 151
    12.2.3 — Você já Conhece a Paquerada 151
    12.2.4 — A Paquerada É uma Desconhecida 152
12.3 — Técnicas de Paquera Possíveis 153
    12.3.1 — Olho no Olho 153
    12.3.2 — Sorriso 154
    12.3.3 — Deslocamento e Posição 155
12.4 — Técnicas de Abordagens Possíveis 155
    12.4.1 — Abordagens Diretas 155
        12.4.1.1 — Método paliativo 156
    12.4.2 — Abordagens Indiretas 157

Capítulo XIII
Influência do Porte das Cidades 159
13.1 — Introdução 159
13.2 — Paqueras em Cidades Pequenas 159
13.3 — Paqueras em Cidades de Médio Porte 161
13.4 — Paqueras em Cidades Grandes 162

Capítulo XIV
Dicas, Verdades e Mentiras 165
14.1 — Introdução 165
14.2 — O que as Mulheres Gostam de Ver em
    um Homem 165
14.3 — Com o que a Maioria Delas se Decepciona 166
14.4 — Roupas e Idade 167

14.5 — Qual o Momento Ideal para Telefonar 168
14.6 — Marketing Pessoal 170
14.7 — Carros 171
    14.7.1 — Verdades e Mentiras sobre Veículos 172
    14.7.2 — As Mulheres e Suas Preferências 173
14.8 — Como Utilizar as Técnicas de Paquera para
          Envolver Pessoas 174

Prefácio

Este trabalho foi desenvolvido para auxiliar as pessoas a conseguir o que existe de mais valioso em nossas vidas: uma companhia ideal.

A busca por essa companhia pode tornar-se tediosa e cansativa, levando muitas pessoas a desistir, entregando-se à solidão. Renunciam à própria felicidade por não terem desenvolvido a capacidade de relacionar-se satisfatoriamente.

Com nosso trabalho, você saberá fazer uso da inteligência para moldar as situações reais do dia-a-dia, sobressaindo-se no jogo da sedução.

Os homens e as mulheres usam o jogo da sedução para conseguir seus parceiros. Usar de estratégia com inteligência, enquanto outros instintivamente realizam os passos, é o objetivo de nosso método.

Desenvolva ao máximo essa capacidade e seja feliz.

Os autores

Introdução às Paqueras

Devemos ter sempre em mente que cada paquera é uma coisa única... tem suas peculiaridades e graus de dificuldades diferentes. Um bom paquerador deve perceber a situação em que se encontra a sua paquera. Desenvolver a percepção de qual mulher pode conquistar evita as tentativas frustradas que não fazem bem ao ego masculino.

Existem mulheres de beleza, de cultura e dos comportamentos mais variados possíveis... por isso, vamos dividi-las em categorias de 1 à 10, em que quanto maior a beleza, a cultura, o nível social, etc., mais ela se aproximará do máximo da tabela.

Cada um deve elaborar essa tabela de acordo com seus gostos e preferências pessoais.

Assim, utilizando nossos métodos você certamente conseguirá alcançar o objetivo de conquistar uma mulher de nota elevada. Pode ser que, particularmente, você goste de uma certa mulher e que, por circunstâncias alheias a sua vontade, você não a consiga. Mas, com certeza, aprendendo e desenvolvendo a autoconfiança que nossos métodos lhe darão você irá conseguir uma outra de igual ou melhor categoria.

Nunca se esqueça de que paquera é, acima de tudo, um jogo de estratégia de sedução, em que o homem e a mulher realizam instintivamente os passos, que a partir do conhecimento de nosso método você efetuará com inteligência.

Tenha sempre em mente que a autoconfiança, a auto-estima, a boa apresentação e uma pitada de ousadia fazem o sucesso de uma paquera.

CAPÍTULO I

A Paquera

1.1 — Nosso Método de Paquera

Todos os lugares são possíveis de proporcionar ótimas paqueras. Cada um tem suas características próprias e graus de dificuldades diferentes, dependendo da adaptação de cada um. Dessa forma, você deve procurar descobrir em qual ambiente você se dá melhor, de acordo com suas características. A exemplo disso, pouca chance terá quem tenta paquerar em uma boate sem saber dançar... ou pessoas de idade avançada procurar paquerar em locais onde o ambiente é freqüentado por muitos jovens. A paquera, nestes casos, tem grande grau de dificuldade.

As paqueras acontecem nos lugares menos prováveis, sem hora definida; portanto, o bom paquerador deve estar atento a todo momento, dia e noite. Você pode estar saindo de casa para ir ao trabalho e no percurso conhecer alguém interessante.

Lembre-se de que o ponto central da paquera consiste em conhecer as pessoas, de forma discreta e educada, sem mostrar maiores interesses em princípio. Dessa forma, você conseguirá maior confiança de sua paquera, se mostrará mais sociável e todos o verão como uma pessoa agradável. Facilitará, inclusive, que se marquem encontros futuros, em que aos poucos a paquera se desenvolverá, conforme nossos métodos.

O paquerador não pode ser apressado. Falaremos adiante sobre o tempo certo, característica fundamental em estar nos lugares certos, na hora certa. Toda paquera desenvolve-se como um jogo de xadrez, às vezes com verdadeira estratégia de guerra... é preciso calcular todos os passos e programar as situações para conseguir uma mulher de alta categoria.

O homem é um caçador... fica à espreita da sua paquera como um felino, vê a escolhida, estuda seus movimentos, raciocina o melhor método de abordagem, estuda as prováveis dificuldades e tenta eliminar mentalmente os obstáculos antes de chegar a eles. Depois disso, escolhido o momento certo, é que se realiza a abordagem.

Pode ocorrer que, após estudar as possibilidades, o homem chegue à conclusão de que é melhor ir embora e esperar outra oportunidade mais favorável, sem desperdiçar uma chance de ouro e queimar-se perante a paquera desejada.

Este é outro ponto-chave: nunca provoque situações que o deixem sem condições de continuar a paquera outro dia. Exemplo é não brigar, ofender, dizer coisas desagradáveis ou fora de hora que provocarão repulsa das outras pessoas com relação a você.

Às vezes é melhor uma retirada estratégica que a derrota certa.

O homem deve sempre saber o que dizer à mulher; não fique com conversas fiadas, não minta e atualize seus papos (leia bastante). Lembre-se de que mentira tem perna curta, e se você conseguir a mulher desejada, a perderá quando ela descobrir a sua falsidade.

Portanto, para se ter sucesso, nosso método consiste em dominar as técnicas que detalharemos a seguir:

1. Saber se arrumar para sair de casa.
2. Escolher o local onde vai paquerar.
3. Como chegar a esse local.
4. Analisar o ambiente e perceber quais pessoas oferecem possibilidades de sucesso na paquera.
5. Estudar o comportamento da escolhida e das pessoas que estão com ela.
6. Escolher uma estratégia de abordagem compatível com a situação.
7. Dominar a estratégia de abordagem.
8. Definir se sai do local acompanhado da pessoa ou deixa tudo arrumado para um novo encontro.
9. Perceber se o novo encontro fica em aberto ou com data marcada.
10. Como comportar-se, no caso de sair do local acompanhado da pessoa desejada.

A partir destas etapas, já superadas, é certo que você já está com a pessoa que escolheu. Mantê-la é outro problema, que será discutido em uma próxima obra.

1.2 — Como Arrumar-se para Sair

Cada pessoa tem um tipo físico, uma personalidade, gostos e preferências que lhe proporcionam estilo próprio de arrumar-se. Todas as variedades são permitidas, desde que você saiba escolher a que combina com o momento e o ambiente que irá freqüentar. Para cada idade do homem, a mulher e a sociedade esperam dele certa definição financeira e que ele se comporte de acordo com isso. Ao freqüentar o local escolhido para paquerar, ou no dia-a-dia, devemos estar sempre de acordo com essa cobrança social. Por isso, estudamos algumas dicas sobre os itens mais comuns.

1.2.1 — Roupas

São elas que fazem o seu visual externo. Quando uma pessoa o olha de longe, sem conhecê-lo, ela faz uma idéia de como você é pelo seu aspecto, pela impressão que você causou e pelo que imagina que você seja. Assim, temos o dito popular "a primeira impressão é a que fica".

Cada pessoa tem uma preferência que, bem administrada, sem exageros, pode revelar sua personalidade.

Uma boa combinação tem e feito surpreendente. Nem sempre é preciso gastar uma fortuna para vestir-se bem. Prefira roupas que combinem com sua idade. Isso não é taxativo; sofre mudanças de acordo com a profissão, o ambiente, seu nível social, etc.

Se você adotar o "estilo social", compre camisas de boa qualidade, de preferência lisas ou com desenhos finos que permitam fazer boas combinações com calças pretas, bege, azul-marinho ou marrom escuro. Estas são as cores que tradicionalmente fazem bons conjuntos.

Esporte fino cai muito bem em vários lugares. Evite peças com muitos bolsos e cores berrantes. Lembre-se do cinto, sapato e meias combinando. Tal estilo permite o uso de tênis também.

Cada faixa etária tem um estilo que lhe cai bem, mas cada pessoa deve adotar o seu. A exemplo disso é que um garoto de 15 ou 20 anos usando terno e gravata causa impacto muito diferente de um homem de 30 (ou mais) anos trajando a mesma roupa. Uma menina de 5 anos com trancinha fica linda, e uma mulher de 30, ridícula. Cada coisa tem seu lugar e modo. Descubra o seu estilo.

1.2.2 — Perfumes

Cuidado para não cair no ridículo quanto ao excesso de perfume, que deve ser de boa qualidade, passando apenas uma pitadinha atrás do pescoço e nos punhos. É melhor ter um só perfume bom que muitos de baixa qualidade.

Dê preferência aos discretos, pois os de fragrância muito doce enjoam, e os picantes podem não ser do gosto dos outros. Lembre-se de que isso é pessoal; prefira estar com pouco perfume que exagerar e cometer gafe.

Não adianta estar perfumado se você cheira a suor. Por isso, use desodorantes sem perfume para não misturar odores. Um banho é indispensável.

1.2.3 — Acessórios

Relógios devem ser discretos, de boa aparência, e se forem coloridos devem combinar com a roupa. Como os perfumes, é melhor ter um só, de boa qualidade, que ter muitos em estilo *hippie*. Se possível, tenha um resistente para o trabalho e um bom para sair.

Pulseiras, se você usar, tenha de metal precioso e em tamanho que combine com o relógio. Se você estiver usando correntes, dê preferência às que sejam de modelo semelhante à pulseira. Não caia no ridículo de usar bijuterias e querer convencer uma mulher de que é metal precioso, porque esse é assunto que elas dominam de cor. Se perceber que uma mulher usa uma bijuteria, seja sua paquera ou alguém que esteja próximo a ela, guarde isso para você; não comente nada.

Anéis são vistosos e impõem respeito quando são de formatura; simbolizam profissão ou jóia discreta. Caso contrário, não use.

Brincos são para as mulheres... Somente 10% delas acham que homens de brinco são atraentes. Por isso, não compensa agradar a minoria e ser taxado negativamente pelas demais. Existem as que são indiferentes, até dizem que acham bonito, mas preferem homens que a sociedade ainda taxa de macho, viril, etc.

Carteiras são fundamentais na hora de pagar a conta de uma mesa, de uma compra, etc. Disfarçadamente as mulheres observam a qualidade, a cor, o modelo, e elas têm idéia de preço. Prefira as de couro, com boas repartições e compartimentos. Descarte os modelos com muitos enfeites e corvin.

Pochete é muito útil em praias, acampamentos, diversões em que se está com a turma, etc., boa para ser habitualmente usada no período diurno. Mas, se for sair em local diverso dos indicados, não a use. Isso fere o princípio de que a paquera não tem lugar e hora, e justamente quando você não está devidamente trajado aparece uma oportunidade. À noite seu uso é vetado, por correr o risco de que a sua paquera o rotule de simplista.

Sapatos. Eis um item que merece respeito e que as mulheres dominam. Tenha modelos de boa aparência, combinando com a roupa e que deixem seus pés confortáveis. Todas as mulheres reparam negativamente quando um homem tira os sapatos debaixo da mesa. Se seu estilo for clássico ou social, dê preferência aos modelos preto ou marrom escuro, discretos e sem muitos enfeites. Caso escolha o esporte fino, opte pelos modelos tipo mocassim. Os feitos à mão ou vendidos em barracas, feiras, etc. não causam boa impressão. Lembre-se: um sapato sujo, velho, mal cuidado, de modelo feio pode comprometer todo o conjunto e fazer uma roupa de boa qualidade não causar o impacto desejado.

Óculos devem ser de boa marca, de modelo compatível com seu rosto e diferente dos usualmente vendidos em larga escala para o povão em camelôs. As mulheres reparam muito nisso.

Cintos devem ser novos, sem partes rasgadas ou descoradas, combinando com a roupa. Prefira os de couro, lisos, sem trancinhas. A fivela deve ser bonita e discreta. Nada do tipo que peão usa ou em tamanho desproporcional ao cinto. A exceção é quando você vai a caráter em uma festa de peão ou similar.

1.3 — Escolher o Local onde Vai Paquerar

Para ter sucesso, você deve sair em boa companhia, sozinho ou no máximo em dois. Em turma é muito difícil conseguir que as mulheres reparem em você. Lembre-se de que elas olharão primeiro para o mais atraente da turma, segundo o conceito delas... pode não ser seu caso; por isso, não leve ao local de paquera concorrentes para si mesmo. Leve em consideração que a maioria das mulheres não gosta de homens que andam em turma.

O horário de saída depende do local escolhido para a paquera. Às vezes é melhor chegar depois para causar o efeito de todos repararem em você ou chegar mais cedo para pegar uma mesa estratégica em um bar que você sabe que é bom e lota.

Bom ânimo e autoconfiança são fundamentais para conseguir conversar com uma mulher interessante. Dessa forma você poderá, sem pressa, ir aos poucos convencendo-a de que você é especial.

A escolha do local deve ser de acordo com a característica de cada um, sendo que há lugares em que a paquera é mais fácil para certos tipos de pessoas.

Existem locais em que você dispõe de bastante tempo para fazer a abordagem e conseguir falar com a mulher desejada. Exemplos disso são os bares, as festas e as boates, embora você corra o risco de, a qualquer momento, a pretendida ir embora ou alguém ir conversar com ela primeiro.

Em outros locais você dispõe de tempo muito curto para fazer a abordagem, porém com chance de obter bons resultados. Exemplos são os semáforos, trânsito engarrafado, etc., em que seu carro fica lado a lado com o da escolhida. Detalharemos em capítulo próprio como fazer isso.

Não se esqueça de que a paquera se inicia ao sair de casa, sendo possível ocorrer se você cruzar com alguém que lhe despertou interesse mesmo no ato de fechar o portão de sua residência. Por isso, o bom paquerador deve seguir o princípio de que paquera não tem hora nem local.

Embora a paquera possa realizar-se em qualquer local, estudamos e vamos nos referir a locais em que é mais comum sua realização. Será detalhado cada um deles no momento oportuno, sendo apresentado agora no segundo capítulo uma pesquisa sobre os prós e os contras de cada local.

Capítulo II

Dificuldades e Facilidades de Cada Local

2.1 — Bares

Em bares, podemos encontrar várias dificuldades, as quais cada um irá aprender a contornar com a utilização de nosso método, já iniciando ao chegar ao estabelecimento.

Dê uma vasta olhada pelo local e verifique onde há mulheres sozinhas, mesas com muitas delas ou com possibilidade de chegar várias. A dificuldade consiste em encontrar uma mesa estrategicamente próxima do local onde está o alvo de sua paquera. Às vezes, ocorre de não haver nenhuma disponível no momento. Outra dificuldade é quando sua paquera está em uma mesa que também tem homem, e você não sabe se ele é marido, namorado ou pretendente dela.

As facilidades também são muitas, até maiores que as dificuldades, levando-se em consideração que o bar é um bom local de paquera, porque é freqüentado por muitas mulheres, aumentando a possibilidade de lá estar alguém do seu interesse. Sem contar que é para lá que se dirigem muitas mulheres com intenção de encontrar alguém, estando elas, por isso, mais acessíveis à paquera. Essa comunhão de interesses traz bons resultados.

A maioria dos bares, quando abertos, possibilitam a observação do seu movimento interno, quando se passa de carro em frente ao local, para que você possa constatar se o ambiente está propício à paquera, com alguém de seu interesse lá dentro.

Quando sentado em uma mesa com várias mulheres, pode ocorrer de, embora sua paquera original não esteja facilitando nem lhe

22   *Como Conseguir uma Namorada e Envolver Pessoas*

dando atenção devida, outras mulheres, da mesma mesa, que estão conversando com você, perceberem que você é legal, que tem algo de bom e passar a lhe flertar.

Uma boa e ampla visão do local é atitude indiscutível, porque permite que você decida rapidamente se há alguém de seu interesse ou se vai embora em busca de um outro lugar mais apropriado à paquera. Locais abertos, claros e espaçosos têm essa qualidade.

2.2 — Boates

A principal dificuldade em uma *boate* é nunca saber quem está lá dentro sem antes entrar. E para que isso ocorra é preciso estacionar o carro, pagar o estacionamento e comprar o bilhete de entrada, que, às vezes, é caro.

O som alto dificulta a conversa, e quase sempre você responde errado o que sua pretendente perguntou, porque não entendeu o que ela disse. Se há falhas na comunicação, sua paquera automaticamente poderá ir por água abaixo.

Mulheres gostam muito de dançar, e se você não é um bom dançarino tem grande chance de ficar parado vendo-a dançar, correndo o risco de observar um outro homem conversar com ela dançando.

A maioria das mulheres que freqüentam esse tipo de ambiente não querem compromisso sério, pois ainda estão terminando seus estudos, e, portanto, se é um namoro que você procura, a *boate* pode não ser um ótimo lugar.

As freqüentadoras que estão terminando faculdade geralmente têm suas famílias morando longe e vão embora assim que concluem esta etapa universitária. Já sabendo deste retorno às suas cidades, elas não levam muito a sério os relacionamentos. A maioria ainda tem namorado em sua cidade de origem. E elas são freqüentadoras assíduas de *boates*.

Boate é local onde muitas vezes se vai em turma; então, quando você consegue conversar com uma mulher interessante, aparece alguém da turma dela e inicia conversa com ela ou a chama para outro canto, para ir ao banheiro, apresentar outra pessoa, etc.

A iluminação e o grande movimento fazem com que você a perca de vista várias vezes na mesma noite.

Pontos a favor das *boates* existem. Por ter ambiente lotado, a aproximação é feita quase no corpo a corpo, facilitando uma abordagem direta, fazendo com que você converse quase ao ouvido dela. Por você estar conversando ao ouvido de sua paquera, a atitude do primeiro beijinho no rosto é facilitada, demonstrando claramente suas intenções. *Boate* é local onde a paquera tem de ter dose de ousadia, atrevimento ao dar o primeiro toque ou encostadinha de rosto, requerendo certo jogo de cintura para saber o momento certo, que será ensinado oportunamente a seguir.

No mesmo ambiente você pode conversar com muitas mulheres numa mesma noite, sem correr o risco de ser taxado negativamente ou de homem galinha, porque ninguém vai reparar nisso.

Vantagem indiscutível é que nas *boates* há muitas mulheres bonitas, de nível universitário, e muitas vezes profissionais formadas, que podem estar ali também paquerando, e uma vez bem abordadas facilitam um próximo encontro.

2.3 — Trânsito

A vantagem inicial é que pelo veículo usado por ela você já tem idéia de sua posição social; se for a motorista, você saberá que ela é maior, revelando certo grau de independência; se for passageira, deve estar sentada próximo à janela, de preferência no banco da frente.

Muitas vezes, ao fechar o semáforo, seu carro pode ficar lado a lado com o veículo dela, e a abordagem neste caso é geralmente bem recebida por parte da paquerada, que se sente segura dentro do veículo. Às vezes, uma paquera desse tipo corre por toda uma avenida, e ambos acabam juntos em um barzinho ou você com o telefone dela. Ensinaremos depois como conseguir isso.

Outra vantagem está no fato de muitas vezes as mulheres estarem em duas ou três no mesmo veículo, e, caso você esteja com um amigo, é quantidade ideal para uma abordagem, podendo depois vocês escolherem quem cada um irá paquerar.

Dificuldades consistem em não poder saber se ela é casada ou compromissada, mas o bom paquerador deve perceber aliança ou qualquer outro indício que prove isso, como brinquedos no banco traseiro, adesivos de bebê a bordo, carrinhos e banco para neném, bolsa de criança, etc.

Devido aos altos índices de assalto no trânsito e aos carros novos com ar-condicionado, hoje em dia grande parte das mulheres trafega com os vidros fechados, colocando em risco a abordagem. Ensinaremos que, mesmo assim, isso não é impossível.

Em situações de trânsito em que o semáforo se abre rapidamente, com mulheres amantes da velocidade, sem dúvida também haverá dificuldades em manter seu veículo lado a lado com o dela. Às vezes, o próprio escoamento do tráfego leva a isso.

Por diversas situações, embora a paquerada esteja gostando do flerte, ela pode ficar com medo de prosseguir no jogo de sedução e muitas vezes ir embora, virando na rua mais próxima.

2.4 — Comércio

Este tipo de ambiente oferece como dificuldade o fato de a paquerada poder estar trabalhando no comércio, e devido a isso a paquera deve ser feita com cautela, para não comprometer seu desempenho no trabalho e evitar que superiores chamem a atenção dela.

Caso ela esteja observando vitrines, entrando e saindo de várias lojas, existe a dificuldade em saber se é compromissada, coisa que você aprenderá a identificar em momento oportuno, ou se seu companheiro está por perto, visto que homens raramente acompanham as mulheres às compras. Quando as acompanham, elas sempre andam na frente, e eles ficam esperando fora da loja, olhando a distância.

Mulheres adoram compras, e quando entram em uma loja esquecem da vida... dessa forma, pode ocorrer que sua paquerada entre em uma loja, converse com os vendedores, vasculhe os artigos expostos e demore muito para sair, e se o tipo de loja não for masculina (por exemplo, *lingerie*) você terá dificuldade em encontrar o que fazer para esperar por ela.

Há a possibilidade de uma vendedora (escolhida por você para a paquera) estar lhe dando muita atenção, em função do interesse de uma venda, não por você despertar interesse nela.

Pontos positivos são muitos, como o fato de hoje em dia o comércio não ser somente local de transação mercantil, mas também espaço de lazer, em que muitas mulheres vão em busca de distração e entretenimento. Vasculham as vitrines por prazer, fazem de sua ida a uma loja ou shopping um momento de descontração e estão bem suscetíveis à paquera. Vagam de loja em loja olhando as novidades e disfarçadamente observam os homens ao seu redor. Conseguem dividir a atenção entre as amigas e as compras, e com o olhar rapidamente varrem o local em busca de homens que as observam. Todas as mulheres gostam de ser paqueradas.

No comércio, há possibilidade de encontrar qualquer tipo de mulher, portanto certamente você encontrará uma que lhe agrade. Diferente de outros locais, onde há um tipo definido de freqüentador, no comércio ocorre uma mescla de tipos e personalidades, de diversas classes sociais, raças, idades, culturas, etc. Como exemplo, podemos citar médicas, secretárias, advogadas, comerciárias, estudantes e modelos.

Nos shoppings existem quase todos os locais de paquera, como bares, restaurantes, cinemas, parques de diversão, bancos, etc.; então, você poderá colocar em prática em um só local várias técnicas de paquera ensinadas nos capítulos posteriores.

2.5 — Trabalho

Este local oferece como possíveis paqueradas mulheres que lá trabalham ou as que se dirigem até onde você trabalha, em busca de alguma prestação de serviço.

Facilidade marcante deste local de paquera consiste na sua proximidade constante com a paquerada, quando ambos trabalham no mesmo lugar. Se ela é cliente do tipo de serviço oferecido por você ou sua empresa, esta relação contínua é menor, mas ainda assim você tem uma idéia de quando ela costuma aparecer.

Em ambiente de trabalho, situações insinuantes aparecem com grande freqüência, então você deve ficar atento à possibilidade de, em alguma ocasião, uma colega de serviço dar dicas de que tem interesse em você. Exemplo disso são as palavras ditas em brincadeiras, com tom de verdades. Nosso método dá-lhe condições de desenvolver essa sensibilidade perceptiva. Deve-se averiguá-las quando do possível.

Trabalhando no mesmo local existe tempo suficiente para que suas qualidades sejam percebidas e, ainda que sutilmente, comentadas pelas outras pessoas. Desta forma, você deve fazer grande quantidade de amigos e amigas que falarão sempre bem a seu respeito, elevando assim suas chances com a paquerada. Trata-se do domínio da técnica indireta, descrita nas páginas do capítulo que se segue.

Reuniões em bares, almoços fora do ambiente de trabalho geralmente favorecem muito a abordagem, visto que estão todos muito receptivos; porém, você deve ter percebido a viabilidade disso anteriormente, para coroar-se de sucesso. Lembre-se de que qualquer tentativa de aproximação deve ser realizada em local reservado dos outros colegas de serviço, evitando assim embaraços e comentários desagradáveis.

Nas caronas ofertadas, ao final do expediente, durante o trajeto você tem tempo suficiente para insinuar-se e fazer convites objetivando futuro encontro, sem que isso cause o constrangimento de outros colegas de trabalho ficarem sabendo. Seja cauteloso, deixando dúvidas entre a amizade e o interesse.

Dificuldades existem quando tardiamente surge interesse na pessoa, como deixar o tempo fluir e tornar-se amigo demais da paquerada. Embora não seja impossível esta paquera, você encontrará grandes obstáculos por parte da pretendente. Neste caso particular, as mulheres dão muito valor à amizade, tendo, em virtude disso, medo de perder o amigo. Além disso, amizade demais faz com que a mulher perca o interesse sexual pelo amigo.

Em casos raros, o grande amigo, que está na hora certa acalentando uma anterior desilusão amorosa dela, pode tornar-se seu confidente e até namorado, existindo casos que findaram no altar. Situação esta que ocorre no trabalho e em qualquer outro local em que a amizade se faz presente.

Como chefe você deve agir com muita cautela, pois a mulher pode sentir-se assediada sexualmente. Nestes casos, para evitar problemas, você deve fazer a aproximação se realmente quiser algo sério e de modo discreto, sem deixá-la constrangida. Porém muitas mulheres cedem facilmente aos ataques do chefe, trazendo grandes dores de cabeça futuras para ele.

Alguns de seus colegas de trabalho também podem estar de olho na mesma mulher. Para evitar competição negativa, e que estraguem seus planos, não divulgue seus objetivos a ninguém, exceto às

Dificuldades e Facilidades de Cada Local　　　27

amigas que você tem certeza de que irão lhe ajudar, pois elas poderão convencer a pretendida de que você é a melhor opção.

2.6 — Festas

Este tipo de evento pode realizar-se em locais públicos ou particulares. Vamos nos ater às festas particulares, porque quem domina nossas técnicas para esse tipo de ambiente pode, sem embaraço, ser bem-sucedido em qualquer festa.

Há diferenças no modo de paquerar quando você é o anfitrião ou apenas um dos convidados. Sendo o realizador do evento, você tem poucas chances de paquera, visto estar preocupado em receber à altura todos os convidados, certificando-se dos detalhes necessários para que tudo corra bem e a festa aconteça sem que você desfrute de momentos inoportunos. Mas como convidado você pode movimentar-se por todos os cantos, permanecer muito tempo em um só local ou fazer tudo o que julgar necessário para montar sua estratégia de paquera.

Em festas particulares, todos têm em mente o provável rol dos convidados, e as mulheres vão para este local com a idéia de quem será seu paquerado, e caso seja você tudo se desenvolverá muito facilmente no decorrer da festa. Mas caso isso não ocorra, você se conduzirá de acordo com nossas técnicas relatadas detalhadamente, em capítulo próprio. É marcante a facilidade que a situação oferece, pois no primeiro caso a paquera está praticamente concluída, e, no segundo, as técnicas são eficazes.

Facilita também o fato de que bebendo um pouquinho as mulheres ficam alegres, descontraídas e receptivas às brincadeiras insinuantes, que tornam mais acessíveis as abordagens.

Uma possibilidade natural que as festas oferecem são as novas amizades e as pessoas interessantes que se conhece em toda a sua duração. A música e a dança ajudam muito na descontração e no desenrolar de uma paquera.

É dificuldade notória quando sua escolhida pertence a determinada turma que não lhe dá nenhuma brecha para a aproximação e ficam todos dando atenção entre si.

Podem ser paqueradas nas festas, em tese, todas as mulheres convidadas que ali estão. Muitos casais separam-se nas festas, cada qual ficando na sua turma, e os homens acabam, por esta razão, deixando suas mulheres sozinhas para ir bebericar com os amigos. Preste atenção para não abordar a mulher errada e estragar a festa. Você poderá ficar queimado por toda a turma.

Nas festas das quais você não recebeu o convite direto da turma organizadora é melhor não comparecer, pois não é de bom tom ser convidado do convidado, podendo ser alvo de desprezo caso você não conheça nenhum dos presentes. Embora seja difícil, quem tem facilidade de fazer novos amigos pode ter aí um bom filão, freqüentando muitas festas.

Conseguir convites para determinadas festas em que se sabe que sua paquerada estará também é uma dificuldade, embora contornável. Recomenda-se levar junto pessoas de seu meio, suporte de um ambiente próprio naquela festa. Assim você não ficará deslocado.

2.7 — Viagens

A mulher que viaja sozinha revela alto grau de independência e carência, visto ter condições psicológicas de enfrentar situações inesperadas, e ao mesmo tempo a solidão não permite que se divida com alguém as belezas e as alegrias que uma viagem oferece. Por isso, ela está mais acessível a uma abordagem.

Em viagens, as mulheres procuram isolar-se do cotidiano, buscam paz, e ao mesmo tempo a gostosa sensação do desconhecido faz a busca da metade ideal ser um item fortíssimo.

Viagens podem ter os destinos mais variados possíveis, como, por exemplo, o litoral. Dizem que amor de praia não sobe a serra? Mentira!!! Sobe sim e pode até durar. A praia é um ótimo local para paquerar e um dos poucos em que realmente é possível conferir se o "material" lhe agrada. As técnicas contidas no nosso método podem ser utilizadas com sucesso nas mais diversas possibilidades de paquera na praia.

Mulheres que se utilizam de excursões para suas viagens geralmente estão muito propícias à abordagem, facilitando a conversa, e às vezes até mesmo se liberam mais e tomam a iniciativa. No entanto, você não deve ser precipitado, porque em uma viagem pode surgir uma outra opção melhor.

Dificuldades e Facilidades de Cada Local 29

Em aviões, trens ou ônibus você pode encontrar sentada ao seu lado uma mulher que lhe interessa. A proximidade facilita a conversa entre ambos, e com o domínio das técnicas de nosso método você terá, com certeza, sucesso na abordagem, despertando o interesse por parte dela, podendo marcar novos encontros, trocar telefones e até mesmo virem a ficar juntos.

Dificuldade notória revela-se quando a escolhida reside muito distante de você; então, mesmo que você obtenha sucesso nas etapas anteriores da paquera, ou seja, abordagem perfeita, conversa agradável, encontros fluindo bem e conseguir ficar com ela, o namoro raramente será duradouro ou estável, em conseqüência da distância entre ambos deixar muito espaçado um encontro do outro e esfriar o relacionamento.

Quando a paquerada viaja com a própria família, há limitação das suas possibilidades de abordagens, porque os mais velhos são muito desconfiados quanto a estranhos e farão vigilância sobre o comportamento dela.

No caso de uma mulher interessante, amiga de algum membro familiar, aceitar um convite para viajar junto com você e sua família significa que ela já o conhece, que sabe muito a seu respeito, e se já não facilitou nada antes é porque realmente você não despertou interesse nela, ficando você na incômoda posição de amigo.

Lugares turísticos têm, geralmente, grande quantidade de pessoas, possibilitando-se, dessa forma, perder a paquerada de vista. É dificuldade primária, contornável com assiduidade e observação constante.

A mulher pode estar sozinha em determinada viagem e no entanto ter alguém, que não pôde ou não quis fazer esta viagem. Então, mesmo que você consiga ficar com ela, o namoro não se desenvolverá satisfatoriamente.

Capítulo III

Técnicas de Paquera

3.1 — Olho no Olho

Dominar esta técnica significa sucesso não só nas paqueras, mas também em uma gama infindável de atuações no dia-a-dia. Em quase todas as situações, ao nos relacionarmos, precisamos ter uma idéia do que a outra pessoa está pensando e das reações que provavelmente ela terá frente ao que imaginou de nós.

Diz o dito popular que os olhos são a janela da alma, revelando seu interior sem rodeios, nu, desprovido de falsidades e subterfúgios. Um olhar pode ser superficial, denunciando pouca atenção e interesse ao assunto ou situação em tela. Pode, ainda, ser dominador, profundo, crítico, estudando minuciosamente as possibilidades, circunstâncias e variações do caso real em análise.

Conhecer as nuanças de cada tipo de olhar, de modo claro, é arma poderosa. Praticamente se lê a verdadeira intenção da outra pessoa. É desenvolver um sentido extra, capaz de auxiliá-lo no cotidiano, na intimidade, nos negócios e, sobretudo, nas suas paqueras.

Pelos olhos coloca-se, aberta, a todos ao redor, uma via de comunicação muito profunda, capaz de revelar segredos que as palavras, escritos, fotos, sons e imagens não são capazes de exprimir.

Um verdadeiro mestre em interpretar essa técnica pode desnudar por completo as maiores intimidades e segredos, ocultos às vezes por anos. É exemplo flagrar alguém com uma paixão escondida por longa data, olhando o amado; seus olhos brilharão de modo característico, diferente do normal.

Então vamos a um pequeno estudo dessa técnica para auxiliá-lo em sua jornada rumo ao sucesso profissional e com as mulheres. Estudo aqui desprovido da profundidade psicológica que uma obra específica detém, mas no entanto com o mínimo necessário para entendimento e domínio das situações que podem ocorrer nas suas paqueras.

Ao chegar em qualquer local, procure observar qual das pessoas que ali estão preenche os requisitos de seu gosto pessoal; veja qual das mulheres presentes é interessante e satisfaz seu gosto. Escolhida a mulher a ser paquerada, você deve rapidamente estudar seus hábitos, memorizando-os com detalhes.

Utilize-se da técnica de escolher o melhor lugar, para que, de longe ou com relativa distância, você possa, sem obstáculos, observá-la e olhar em seus olhos.

De modo reservado, fixe seus olhos por alguns segundos... ela corresponderá e após breve tempo desviará o olhar para alguém de sua mesa ou do local em que ela está.

Realizado este primeiro contato, ela já sabe que existe alguém por ali que a observou, ou seja, que conhece sua presença.

Continue conversando com seu(s) amigo(s) presente(s) mostrando grande descontração, revelando sentir-se à vontade no ambiente em que está. Lembre-se de que ela pode, se estiver próxima, estar escutando o que você diz e, se distante, estudando seu comportamento.

Periodicamente, dê outras olhadas para ela, sempre buscando seus olhos. Não insista em olhares demorados demais, pois acabam provocando a fuga dela, ou seja, ela não cruzará mais olhares com você.

Caso perceba a correspondência de seus olhares, pela iniciativa dela em dirigir o olhar até você, deixe-a observá-lo um pouco, sem retornar seu olhar instantaneamente, coisa que a faria recuar e desistir de estudar sua pessoa.

Passados alguns instantes (um ou dois minutos), volte a fixar seus olhos aos dela, e assim que for correspondido, olho no olho, dê uma piscadinha (uma só, de forma rápida e sutil). Observe, então, a resposta que sua reação irá mostrar.

Se ela sorrir é porque o contato foi positivo quanto à aceitação dela por sua pessoa, revelando possível interesse em que você continue os passos da paquera. Sorria também, indicando que está alegre, de bem consigo mesmo e com a vida, e inicie uma conversa curta, a distância, como quem lê lábios, dizendo coisas do tipo "você está linda". Ela deve voltar a sorrir e então você passará às outras técnicas de paquera, tais como a abordagem direta e do sorriso, comentadas a seguir.

Caso não sorria, fique atento para outras expressões que ela fará, tais como virar o rosto, desviando o olhar, ou conversar imediatamente com a amiga do lado. Virar o rosto leva a um estudo mais profundo, que você fará da situação na hora, recomeçando a buscar novamente o olhar dela, após uns dois ou três minutos, de modo muito mais sutil, porque ela pode não ter correspondido devido à presença de alguém que é comprometido com ela ou irá contar a essa pessoa que ela flertou com alguém. Aja de forma que se realmente existir alguém assim presente não note sua paquera nem a coloque em situação difícil ou embaraçosa.

Lembre-se de que ela trocou olhares com você, entrando no jogo da sedução, então essa recusa em sorrir ou fornecer outro indício para avanço na paquera pode ser devido à presença de pessoas que podem comprometê-la; dessa forma, cabe a você criar situações que possibilitem uma nova troca de olhares, indicando que estará em outro local, como por exemplo fora do bar, na porta do banheiro feminino, no estacionamento, etc., onde ela poderá dirigir-se depois da sua saída. Caso ela vá, estará feito o primeiro contato com sucesso, e a abordagem direta não oferecerá dificuldade. Se ela não for, poderá significar que, embora tenha gostado do flerte inicial, desistiu por motivos ignorados. Tente por outras técnicas descritas a seguir.

Quando ela não emitir nenhuma resposta, desviando o olhar, significa que se trata de pessoa tímida, pouco experiente em relacionamentos amorosos e deve, por isso, ser uma pessoa que sai pouco de casa e que está ali pela presença de amigas que a convenceram a sair. Então, cabe a você tomar todas as iniciativas, mas de forma discreta para não espantar ou causar sua fuga, por medo de enfrentar uma situação nova.

Convém, então, trocar olhares com alguma amiga dela, e assim que for correspondido dê a entender que quer falar com a paquera inicial. Essa ajuda extra pode levá-lo ao sucesso, mas este é um caso em que a paquera é lenta e se desenvolve passo a passo. É necessário o domínio de outras técnicas de paquera, como a abordagem indireta, quando for necessário conseguir ajuda com a amiga dela pela distância em que você se encontra, e a técnica de abordagem direta, quando essa nova aliada der indícios de que você deve aproximar-se.

34 *Como Conseguir uma Namorada e Envolver Pessoas*

Se depois da piscadinha de olho ela virar imediatamente para a amiga ao lado e conversar, é porque gostou, pretende prosseguir e está insegura quanto ao próximo passo; então, pediu orientação à amiga sobre o que fazer. Tudo vai estar nas mãos dessa amiga, que pode fazer um bom comentário a seu respeito ou jogar um balde de água fria no estímulo que você vinha causando. Portanto, é fundamental que você faça contato visual com essa amiga, e com gestos discretos com as mãos indique que pretende aproximar-se da paquerada. Como no parágrafo anterior, uma aliada pode definir seu destino. Caso não consiga de imediato contato positivo com a amiga dela, parta para a abordagem direta, visto que ela está interessada e somente falta experiência e segurança no modo de conduzir-se. Dê essa segurança a ela durante o tempo que conversarem e procure aí, em contato direto, fazer amizade com a amiga dela, provocando boa impressão, porque ambas irão trocar informações sobre você e sua conduta no dia seguinte.

3.2 — Sorriso

Essa técnica de paquera é supletiva de todas as outras, de modo que sua utilização não aumenta o desempenho das referidas técnicas, porém deixar de utilizá-la pode colocar em risco tudo o que se fez.

Um sorriso diz o que as pessoas mais querem; é linguagem universal de que se está com a guarda baixada, que se pretende contato amistoso, fraterno, romântico... Sinaliza a alma à espera da correspondência com o Cosmos, ligação íntima com o Criador.

Sorrir não muda somente a expressão facial, mas também transforma a aura da pessoa, eleva a freqüência vibratória e repele os maus fluidos que nos são dirigidos diariamente pelos invejosos de nosso sucesso.

Ao recebermos uma expressão fechada, o sorriso espelha à outra pessoa uma energia positiva tão forte que a esmorece, fazendo-a ceder, tirando-a da esfera defensiva.

Pode um sorriso conseguir fazer o que mil palavras não farão; é energia do mais puro sentimento que se transfere, comunicação de alma a alma, caminho obrigatório para o desenvolvimento e o sucesso.

Sorriso é carinho sem cobrança, é caridade no mais alto grau, é mostrar a todos que não se está sozinho, é amparo aos desprovidos de sorte e néctar aos afortunados. Portanto, cabe muito bem em todas as situações e momentos. Não tem nenhuma contra-indicação, mas deve ser sincero, puro, simples e espontâneo. É horrível perceber um sorriso forçado, amarelo, sem graça, sem vida.

Ele deve ser discreto, bonito, expressivo, não barulhento, cínico, estrondoso (tipo gargalhada), quebrando todas as regras do bom viver e da boa educação.

Ao entrar e permanecer em algum local, sorria de modo que todos ao seu redor sintam-se bem e percebam o quanto você é feliz. Demonstre pelo sorriso que você é uma pessoa bonita interiormente, porque por fora todos estão vendo e cada um fará sua análise.

Sorriso forma de comunicação que indica se a outra pessoa está ou não gostando de sua presença, de sua conversa, de sua exposição, a exemplo da resposta percebida quando da utilização da técnica de olho no olho, em que um sorriso sinaliza claramente qual o próximo passo da paquera.

Quando você for fazer uso da abordagem direta, é fundamental expressar um lindo sorriso, carregado de uma pitada de malícia, que as mulheres adoram.

O homem deve ser elegante, ousado, discreto e inteligente. O sorriso pode e deve transmitir todas essas qualidades.

3.3 — Posição e Deslocamento pelo Local

A natureza foi sábia em fazer da percepção do movimento uma condição de sobrevivência. Os grandes caçadores do reino animal descobrem sua caça quando elas se movem, deslocam-se e mudam de lugar. Daí segue toda uma estratégia de estudos dos hábitos, posições, tempo de deslocamento, objetivo de chegada, etc. Depois do domínio de todos esses itens, parte-se ao ataque, quase sempre fatal.

Ao homem foi dado, além do instinto animal, uma dose extra de poder mental, chamado de inteligência. Interpretar o meio ao redor, com poder de interferência, moldando as situações ao seu agrado, confere a este ser uma supremacia sobre todos os demais.

Usar com sabedoria o conhecimento acumulado das gerações anteriores leva ao progresso, e, aliado a isso, buscar dentro de seu íntimo as reações mais simples de que o instinto nos dotou faz uma combinação poderosa nas relações pessoais.

No reino animal, o macho possui em seu corpo partes atrativas, que provocam as fêmeas em cio. Recobrem-se de plumagens, cores e tons dos mais variados possíveis e prosseguem em um ritual próprio, andando, dançando, expondo-se de forma a chamar a atenção de sua fêmea.

O ser humano é superior a tudo isso, mas ainda sucumbe a uma dose de sensualidade, que nada mais é que se render a esse instinto animal residente em todos nós. Quem não admira uma linda mulher, de curvas sinuosas, a dançar, rebolar, fazendo gingados de nos tirar o sono.

O homem também é admirado pela mulher, que o observa a uma distância controlada, estuda seus movimentos, vê a sensualidade que eles revelam, mostrando que este homem tem algo diferente dos demais. Este será, com certeza, o ponto de partida do interesse da mulher por um homem, ainda que instintivamente. Ela ainda não sabe por quê, e isso não a interessa, mas aquele escolhido será o centro de suas atenções no ambiente em que ela se encontra.

O andar firme, seguro e forte é sedutor. Parar ereto, com o tórax bem delineado, sem ombros caídos tipo corcunda, pernas pouco abertas, seguindo a linha natural da cintura (os pés não podem ser encostados nem ficar distantes um do outro, dando a impressão de pernas abertas), dá um tom de masculinidade muito bom.

Evite ficar encostado em algum lugar. Isso provoca a impressão de fraqueza, instabilidade, macho pouco preparado para assumir seu papel de protetor, que tanto interesse ainda desperta nas mulheres.

Pratique algum esporte para acabar com a impressão de cara pálida, corpo sedentário, e poder suportar ficar nas posições mais desconfortáveis nos locais públicos. Com certeza sua saúde e as mulheres agradecerão.

Sentar-se sem esparramar-se é fundamental. Quem não agüenta ficar sentado com o corpo apoiado sobre os quadris, peso distribuído pela coluna vertebral, levemente inclinado para a frente, apenas colocando as mãos sobre a mesa, sem apoiar-se, deve imediatamente procurar uma academia ou um médico.

Lembre-se de que as mulheres percebem todos esses detalhes em fração de segundos e fazem a escolha de se vão ou não dar chance de ser paqueradas por tal sujeito.

Escolhida dentre as presentes, sua paquerada perceberá sua presença pelo uso de várias técnicas, a exemplo do já citado procedimento olho no olho; mas ao vê-lo andar, caminhar seguro, dono de si, como a demarcar o seu território, parar em local estratégico, em posição elegante, ela fará muito mais que só notar sua presença: fará comentários com as amigas sobre quem será aquele homem, o que acharam dele, e ficará à espreita de seus passos seguintes.

A sensualidade masculina, embora semelhante à feminina, tem nuanças próprias, que cada um deve aprender a revelar. Descubra seu ponto forte a partir de seu estilo pessoal, de sua posição social, cultural, etc. Com certeza um médico não tem o preparo e porte físicos de um atleta, porém bem cuidado, com roupas elegantes, andando, sentando e parando de modo sensual provocará excelente impressão nas mulheres.

A técnica de posicionar-se e deslocar-se bem deve ser sempre acompanhada do bom uso das demais técnicas. O conhecimento é um todo, que deve ser utilizado globalmente, embora aqui dividamos o estudo do nosso método em partes, para facilitar didaticamente sua compreensão.

Estando em um ambiente, dê oportunidades de sua paquerada vê-lo andar, caminhando pelo local como quem vai observar algo em outro canto, e pare por alguns instantes em posição estrategicamente escolhida, permitindo ampla visão dela sobre você. Permaneça parado por algum tempo, devido à possibilidade de ela não ter notado sua presença, mas alguma amiga que notou chamará a atenção dela para aquele homem elegante que está parado ali perto ou que já está indo se sentar. Assim elas o acompanharão com o olhar até sua mesa e saberão inclusive onde você está e com quem.

3.4 — Passar de Carro onde Ela Está

Hoje em dia é muito comum paquerar usando um automóvel, seja em uma avenida, uma praça, em bares abertos com mesas nas calçadas ou em qualquer outro lugar semelhante.

Carro significa *status*, revela padrão de vida; muitos o consideram extensão da casa, colocando objetos pessoais, de adorno, acessórios a gosto, etc.

Quando se faz uso de um veículo para paquerar, tem-se as seguintes possibilidades: paquerar com carro próprio, com carro emprestado ou junto com um amigo no carro dele.

3.4.1 — Com seu Carro

Se o carro for seu, use-o como quiser, respeitando apenas as regras de trânsito e as dicas que aqui expomos:

1. Não ouça música em alto volume quando for passar no local em que estão as mulheres ou sua paquerada. Ela pode não ter o mesmo gosto musical que o seu, e por isso você perderá pontos a favor. Depois de conquistada, ela até pode suportar seus gostos, mas na hora da conquista seja cavalheiro. Volume alto impede que o bom paquerador ouça e perceba algum comentário discreto que naturalmente as mulheres fazem. Olhando os lábios e com um pouco de boa audição pode-se entender parte do que a pretendente disse, e isso pode representar informação muito importante para você.
2. Não corra. Passe pelo local devagar, observando o movimento. Dê tempo para que as mulheres também o paquerem. Se você passar depressa pelo local, quando estacionar e vier a pé para o recinto, ninguém saberá que era você que estava em tal carro. E se ela conseguir reparar, foi porque não gostou e já o taxou negativamente.
3. Use a lanterna acesa e nunca faróis altos, ou, pior ainda, faróis de milha acesos. Experimente ficar na frente de um veículo com tais faróis ou o de milha acesos; será que dá para ver bem quem está no carro ou eles ofuscam a vista? Se você impede que sua paquerada o veja, como ainda quer ser paquerado por ela?
4. Não use insufilme nos vidros. Pode até ficar do seu gosto, porém as mulheres não poderão vê-lo, e mercadoria que não é vista não vende. Por que será que as lojas utilizam vitrines enormes?
5. Use algum acessório que melhore a estética do seu carro, sem retirar a sua visão e a delas. Exemplos: rodas diferentes da original (há vários modelos), suporte de reboque niquelado, antena de som moderna e diversa da comum, capa nos bancos, etc.
6. Acima de tudo, mantenha seu carro limpo e cheiroso. As mulheres reparam muito neste detalhe e sabem que o carro higiênico

lembra também dono higiênico. Elas associam seu carro ao seu quarto e à sua casa.

7. Não deixe chinelos, tênis, ferramentas, fitas, CDs, óculos, etc. soltos ou embaixo dos bancos, isso lembra bagunça e pode cheirar mal.

8. Estacione seu carro sempre antes do local em que você pretende ficar, caso lá não tenha estacionamento, porque para alguém sair com ele deve passar por onde você está. Se possível, estacione próximo.

3.4.2 — Com Carro Emprestado

Se o carro for emprestado é melhor não ficar exibindo-o, porque mesmo que isso auxilie a abordagem e você venha a conhecer alguma garota, no desenrolar do relacionamento vai ser difícil segurá-la. Portanto, tome precauções dobradas com o que não é seu e siga a técnica do carro feio.

3.4.3 — Com um Amigo

Junto com um amigo a paquera é muito fértil, mas desde que seja só mais um amigo. Carro cheio não leva a nada. Imagine que vocês já estão em cinco e cada um consegue uma menina: onde elas vão sentar-se caso não tenham veículo próprio?

Acompanhado de um só amigo, cada qual pode, pela sua janela, ter ampla visão do local de paquera, e isso facilita também que as mulheres vejam e paquerem vocês.

Em dupla, na hora de ir embora, vitoriosos, cada qual vai com seu par, um casal na frente e o outro atrás. E se vocês estiverem em mais de dois amigos? Como será?

3.4.4 — Com Carro Bonito

Carro bonito, novo, do tipo que dá *status*, pode ser mostrado em público, passar algumas vezes em frente ao local de paquera e até ser estacionado em posição muito exposta a todos. As mulheres procuram homens de todos os tipos, e dentre eles, há muita paquera sobre aqueles bem-sucedidos, com vida estável, que podem assumir compromissos sérios e duradouros com relativo conforto.

Embora seu carro seja novo, não passe demais em frente ao local de paquera, porque as mulheres acharão que você está se exibindo ou procurando coisa melhor que elas, e por isso ainda não parou. Dessa forma, quando você parar, corre o risco de não ter mais ninguém o paquerando. Uma boa medida é passar no máximo três vezes pelo local. É suficiente para que alguém o note, sem que você se exponha em excesso.

Uma vez conversando com as meninas, não fique falando de seu carro maravilhoso; deixe que somente elas comentem, se comentarem. As discretas não abordam isso, e se você insistir no assunto sairá como esnobe. Caso elas comentem algo, diga que apenas o comprou porque combina com seu estilo pessoal ou porque precisa dele e mude de assunto. Afinal, um carro é para ser usado, não comentado.

Carros importados e modelos de luxo são de nível elevado e têm muitos acessórios; quando você for levar sua paquerada para casa ou outro local, não os use demais, deixando-a assim mais à vontade. Seja discreto ao auxiliá-la a fazer uso deles.

3.4.5 — Com Carro Feio

Carro feio não pode ser mostrado em público; embora doa, é a realidade. Porém é seu meio de transporte e ele vai levá-lo até o local de paquera, e nosso método tem solução para socorrê-lo.

Evite passar em frente ao local de paquera para que ninguém o taxe negativamente. Se uma mulher, que lhe despertou a simpatia, olhar seu veículo, ela pode perder o interesse por você, até por vergonha das amigas. Depois de você ter conversado com ela, já ter quebrado o gelo e a abordagem tiver sido bem-sucedida, ficarão evidentes suas qualidades, e ela não se importará mais com diferenças sociais.

A limpeza e os acessórios sem exageros são muito bem-vindos por parte delas.

Cuidado para não cair no ridículo de ter um som potente, mais caro que o próprio carro, porque elas comentarão que você poderia ter usado esse dinheiro para trocar o veículo.

Uma dica específica é sempre estacionar o carro próximo ao local de paquera, de modo a não passar em frente a ele quando você for embora, porque alguma pessoa ligada a sua paquerada pode vê-lo e fazer comentários ruins ou depreciativos sobre sua pessoa, estragando assim a sua paquera.

3.4.6 — Que Carro Usar

Que carro usar é item fundamental; cada um deve adaptar seu poder aquisitivo, de modo a proporcionar o melhor rendimento em suas paqueras. Escolha o que existe no mercado, o que lhe agrada e satisfaz sua situação financeira; mas como tudo o que um homem usa deve também satisfazer os desejos e vontades femininos dentro de certos parâmetros; então aquele dito popular "todos devem aceitá-lo como você é" não representa bem a verdade. Às vezes, você tem um tipo de preferência que é de total desagrado do mundo feminino, então ou você se adapta à realidade, ou verá suas tentativas de paquera frustradas.

Para cada tipo de homem, cai bem um modelo de roupa e também um veículo adequado. Este representa uma extensão da vestimenta do indivíduo, expressando suas características próprias, espelhando sua personalidade.

Conforme já ensinamos ao que se refere às roupas, para cada faixa etária, tipo físico, posição social, nível cultural, etc. existe um modelo de veículo que cai bem, como se fosse feito para aquela pessoa.

Não adianta um rapaz de 19 anos desfilar dirigindo um Ômega, pois não causará o mesmo impacto que um homem maduro e experiente. Dirão elas entre si: "olha a caranga do papai...".

O mesmo vale para o inverso, quando um homem de meia-idade sai com um belo esportivo equipado, porque elas fatalmente comentarão que "o vovô ainda se acha um garotão...".

Como se percebe, o raciocínio das mulheres quanto à questão em análise é sempre pejorativo, não exaltando nenhuma qualidade.

Embora sabendo que existem exceções a estas regras, a maioria pode até dizer que não age assim, de forma demagógica, mas no íntimo expressam-se como resumimos nos parágrafos anteriores, isto é, com interesse.

Se você é um homem de meia-idade, prefira os modelos de carros que expressem sua experiência, que demonstre que você é bem-sucedido e que transmita a segurança que tanto as mulheres buscam e gostam. Lembre-se de que deixar o dinheiro na poupança

42 *Como Conseguir uma Namorada e Envolver Pessoas*

pode significar preciosa perda de tempo, e você deve gastá-lo quando ainda tem fôlego para paquerar, equipando-se da melhor forma que a sua situação permitir. Caso contrário, seus herdeiros agradecerão. Uma boa dica são os modelos de carro médios ou grandes, deixando os pequenos para as mulheres e jovens.

Se você é jovem, está no auge da tenra idade, deve desfrutar dessa energia intensamente. Mas como nem tudo na natureza é perfeito, contrapondo-se a essa exuberância de vitalidade há a carência financeira, sendo que na maioria das vezes o jovem ainda é dependente dos pais, com poucos recursos. Dessa forma seu carro será aquele que a família tem ou seus pais, se tiverem relativas posses, lhe darão um, quase sempre não muito caro.

Escolha os modelos pequenos, econômicos e de baixa manutenção, que se encaixem em seu orçamento, mas de preferência evite os de mil cilindradas, porque, mesmo equipados, causam pouco *status*.

3.5 — Ficar Apagado ou muito Exposto

Situações existem em que muitas pessoas ficam juntas em um só local, a exemplo de uma mesa de bar com dez ou doze pessoas. Nesta referida situação, seu comportamento é fundamental. Para tornar possível uma conquista, você deve, sobretudo, fazer bom uso das técnicas aqui descritas, porém o seu grau de exposição é muito importante, motivo pelo qual vamos analisá-lo.

Um sujeito apagado é como aquela mercadoria escondida no estoque: dificilmente alguém vai chegar e perguntar por ela. É possível que algum integrante do grupo em que está sua paquerada, que já tenha interesse por ela, dirija várias perguntas a ela, ou sobre ela, para quebrar o gelo, estabelecer contato ou enturmá-la, mas com o desenrolar da tentativa outras pessoas mais desinibidas quase sempre acabarão entrando no meio e roubando toda a atenção da pessoa que havia tomado a iniciativa.

Portanto, pessoa demais apagada, com excesso de timidez, que nunca toma a iniciativa de um novo assunto, que só responde de modo quase sempre monossilábico às questões propostas, que não emite opinião própria em nada tem muito a aprender para obter sucesso na vida profissional e afetiva.

Indivíduos muito expansivos, abertos demais ou falantes também correm o risco de ser rotulados como sendo do tipo que sabe tudo, saidinho, metido, mulherengo, o dito "galinha" pelas mulheres e por outras pessoas maldosas, e até como pessoa que tem vida duvidosa (ex.: um tranqueira).

Um indivíduo muito exposto também pode assustar a pretendida caso ela não seja assim, porque as pessoas mais tímidas têm medo, receio e até um pouco de inveja das mais soltas e desinibidas, visto saberem que as pessoas com este temperamento colhem as melhores oportunidades mais facilmente, porém elas têm um bloqueio íntimo que as impede de ser assim, e na maioria das vezes não agem com mais naturalidade devido a um método de criação rígido, preso. Este aprendizado de comportamento fica gravado no íntimo da pessoa, refletindo que em várias situações ela foi podada, bloqueada, não desenvolvendo a autoconfiança para tratar situações inusitadas, fazendo com que ela sinta muito medo de relacionar-se com pessoas muito abertas.

Veja qual é o seu tipo normal de comportamento, e se for um ou outro, controle-se e tente ficar no meio-termo.

Se você for tímido, observe as brincadeiras que as outras pessoas fazem umas com as outras; pratique isso no seu círculo de amizades para que tenha maior liberdade de ação, e com o passar do tempo você verá que é muito bom sentir que se pode ser agradável, sem ser formal demais. Sorria bastante, brinque, ache graça do que os outros dizem e pegue uma carona nas piadas e brincadeiras deles. Descontrair-se é deixar todos mais à vontade; então, se você brincar com seus amigos e pessoas novas que conheceu, de modo discreto, sem ser chato ou ridículo, as outras pessoas também ficarão mais à vontade com você.

Se você é muito dado, expansivo, do tipo que se projeta muito, não precisa tornar-se acanhado, porém dominar a técnica de estudar a reação das outras pessoas, descobrindo o quanto você está ou não agradando, tomando o devido cuidado para não ser inconveniente. Isso é fundamental. Dedique mais atenção ao que todos dizem e dê tempo para que falem também; não sufoque as possibilidades de os demais comunicarem-se com você ou com outros. Não fique falando sem parar ou sendo o dono da verdade. É muito melhor seguir a técnica dos comerciantes, em que o freguês sempre tem razão, concordando com muitas das coisas que foram ditas, mesmo que saiba não se tratar da verdade real. Lembre-se de que o sabichão não é bem visto.

Expondo-se na medida certa, você deve centrar suas atenções na paquerada, e secundariamente em alguma amiga que percebeu ser próxima dela, futura aliada em abordagem indireta. Não perca tempo sendo muito educado, desperdiçando atenção e conversando com pessoas paralelas, porque outra pessoa pode conversar com sua paquerada e você sobrar.

A paquera é um verdadeiro lance de estratégia, em que só vence quem tem garra e ousadia; portanto, administrar o tempo e as oportunidades é fundamental. Em um jogo deve-se focar o objetivo. Seu objetivo é a paquerada, então dedique sua atenção a ela e não aos outros. Porém, como verdadeiro mestre na persuasão, esconda este objetivo principal, não sendo direto demais ou conversando só com ela, ou ignorando quando os outros dirigem-se a você.

De modo bem esguio, responda a todos rapidamente e sem perder tempo volte ao que realmente lhe interessa, ou seja, dedique atenção à paquerada.

No primeiro encontro você não deve ser direto demais, porque isso não causa boa impressão se ela for decente, e estará desperdiçando-se tempo e talento, com quem não compensa, se ela não for muito santa.

Mas se mesmo sabendo disso é sua vontade prosseguir, usando da percepção masculina, avance na medida em que ela for permitindo e proteja-se.

3.6 — Tempo Certo para Interceptar

O domínio desta técnica é o sustentáculo para o bom desempenho das outras, visto saber-se que estar no lugar certo, na hora certa, faz o sucesso em todas facetas que a vida proporciona, e o dito popular confirma isso.

Estar em um ambiente fazendo-se notar pelas outras pessoas, principalmente pela sua escolhida, já é indício de que você fez o reconhecimento prévio do local e escolheu a melhor posição para inicialmente usar da técnica do olho no olho, e a partir dos resultados obtidos escolher o próximo passo. Então já se tem lugar certo, definido, e agora vamos realizar um estudo sobre o tempo certo de chegar e permanecer neste lugar até a hora exata da abordagem. Escolher o tempo certo para a interceptação é garantir que a abordagem tenha alto índice de sucesso.

Em qualquer das modalidades de paquera, o homem deve sempre ir observando o comportamento da sua pretendente, notar com quem ela conversa e para que lado ela se vira. Descubra para onde ela fica a maior parte do tempo de frente e, se desloca-se, para onde vai, quanto tempo fica parada em cada lugar e se retorna ao local de origem.

Conhecendo como ela se desloca ou permanece no local, você poderá escolher o melhor lugar para interceptá-la. Repare que o tempo certo da abordagem está intimamente relacionado com a definição do lugar certo onde esta ocorrerá.

Escolhido o melhor ponto de observação, você deve permanecer nele também na medida exata, pois nunca se esqueça de que paquera é, acima de tudo, jogo de estratégia, um jogo de sedução em que o homem e a mulher realizam instintivamente os passos que a partir do conhecimento de nosso método você efetua com inteligência.

Há diferenças sobre o tempo em que se deve permanecer no local escolhido para a observação, e de lá utilizar a técnica do olho no olho se ela estiver parada, sentada ou locomovendo-se de um local para outro. Ao examinar que ela permanece parada, escolha um lugar próximo, que lhe dê ampla visão do local e dela, principalmente. Uma boa dica é ficar ao lado ou a uma distância curta. Fique neste local utilizando-se da técnica do olho no olho até colher resultados; se positivos, como um sorriso, realize uma abordagem direta indo conversar com a moça, mas, se negativos, lembre-se de que poderá ser necessário abordá-la em outro local sou em nova oportunidade. Percebido isso, saia de onde você está e vá para outro local, de preferência onde ela não o veja, para não estragar novas possibilidades de abordagens um outro dia.

Quando sua paquera não fica parada, você deve permanecer imóvel estudando seus passos, e escolhido o lugar em que vai ser realizada a abordagem, dirija-se ao local próximo a este e fique esperando que ela passe. Repare que você deverá permanecer por pouco tempo esperando; então não saia de seu local de origem muito antes de ter certeza de que ela estará passando por ali. Quando ela estiver chegando ao local de interceptação, vá até ele também, de modo a chegarem juntos, e realize uma das técnicas da abordagem direta.

Caso ela permaneça parada, em pé ou sentada, você tem mais tempo para escolher o local e a hora da abordagem, sempre estudando suas atividades; prefira conversar com ela quando poucas pessoas ou ninguém estiver lhe dando atenção, conversando ou muito próximas a ela, pois facilitará a abordagem o fato de ela, naquele instante, não estar com a atenção tomada. Para realizar esta abordagem, observe quando ela dá uma brecha na conversa com outras pessoas e entre no assunto dirigindo-lhe uma pergunta compatível com ele, ou, se não foi possível escutar sobre o que falavam, escolha uma pergunta sem pé nem cabeça que sua criatividade irá ajudá-lo a criar do tipo "você não é aquela modelo do comercial da coca-cola?", ou "você não é a Thais que trabalha na loja TSW do shopping?". Ela fatalmente responderá e até sorrirá dependendo dos passos anteriores realizados com o uso da técnica do olho no olho. Prossiga a conversa e, uma vez embalado no assunto, não deixe ela esfriar a atenção dirigida a você com perguntas curtas, provocando as respostas dela.

Quando ela está dançando, indo ou voltando de algum local previamente observado por você, o tempo de abordagem é curto e não se pode vacilar. Uma vez definido onde se realizará a abordagem, quando ela passar por aquele local você deverá interceptá-la, não esperando por uma segunda chance, que poderá não ocorrer. É mais difícil, porém os resultados geralmente são muito bons, pois longe de seus amigos você tem mais liberdade para conversar com a escolhida. Trata-se também de uma abordagem direta, que será descrita pormenorizadamente a seguir.

3.7 — Abordagens

Este, sem a menor dúvida, é o ponto forte de toda paquera. Uma abordagem malfeita estraga e coloca a perder todo o trabalho desenvolvido no uso preliminar da técnica do olho no olho ou de dicas que alguém lhe passou reportando que tal pessoa está com intenção de conhecê-lo, ou ainda acaba com todo o esforço que alguém fez em seu favor.

Todo o sucesso que virá tem bases na abordagem segura, correta, que efetivamente desperta interesse da paquerada com relação a você. Diz o dito popular que "a primeira impressão é a que fica". No tocante às paqueras, há muitas diferenças entre paquerar uma mulher que já o conhece ou uma desconhecida.

Abordar uma mulher, seja ela qual for, requer, acima de tudo, talento, cortesia, ousadia, coragem e segurança. Sem total autoconfiança de que tudo dará certo, de que qualquer situação inesperada será contornada facilmente, de que a vitória é questão de tempo, não se deve abordar uma mulher, pois corre-se o risco de colocar tudo a perder. Então estude as possibilidades para outra técnica de abordagem ou a realize outro dia, em novo local.

As abordagens são todas inéditas, não existem duas iguais, mas para facilitar sua compreensão e estudo vamos escaloná-las em categorias que expressam técnicas que facilmente podem ser utilizadas no dia-a-dia.

Classificamo-nas, então, em dois grandes grupos, que comportam suas subdivisões. São eles: abordagens direta e indireta, conforme o primeiro contato efetivo se realizou.

Devido à importância, cada qual será analisado em capítulo distinto.

CAPÍTULO IV

Abordagens Diretas

4.1 — Definição

Realiza-se a abordagem direta quando o seu contato com a paquerada não tem nenhum intermediário, ou seja, é você, pessoalmente, que estabelece uma forma de comunicação. Há muitas formas diferentes de realizar esse tipo de aproximação, e as mais comuns foram aqui tratadas por nós, com o objetivo de dar-lhe condições de obter desempenho satisfatório no caso concreto que você irá enfrentar.

Uma das formas consiste em dirigir-se a uma dada mulher, escolhida previamente por você, conversar com ela de forma sadia, clara, culta, e deste diálogo conseguir que ela sinta por sua pessoa determinado interesse. Daí a marcar novos encontros, que têm chances de constituir-se em relacionamento duradouro, é questão de tempo e habilidade no uso das técnicas aqui lecionadas.

Dentre as muitas formas de fazer um contato direto com a mulher paquerada, trataremos das mais comuns individualmente, e seu conhecimento é de suma importância para que situações diferentes da que você originariamente esperava possam ser contornadas com sucesso. Vejamos:

4.2 — Parar em Frente à Moça e Conversar

É a modalidade de técnica direta mais comum, bastando ir até onde está a paquerada e puxar conversa com ela. O estudo das reações dela durante o uso da técnica do olho no olho permitem uma aproximação segura, já antevendo algumas das possibilidades de esquiva por parte dela.

Esta modalidade é muito habitual em bares, boates, comércio, etc., em que muitas pessoas estão presentes, ocupadas cada uma com suas vidas, de modo que não reparam no contexto do local, e se ocorrer recusa dela em conversar com você, ninguém ou poucos ficarão sabendo.

A dificuldade mais notória é o que dizer para puxar a conversa, fazendo o primeiro contato; mas use de perguntas simples, que tenham respostas curtas, tais como: "você estuda na USP?" ou "foi você que estacionou aquele carro ali na esquina?" ou "gostei do fora que você deu naquele rapaz de blusa vermelha... ele é muito esquisito...", e sua mente poderá criar uma série infindável de situações e exemplos.

É essencial que, após ela responder, você dê continuidade à conversa, mas estes detalhes, com exemplos, serão ensinados nos capítulos que tratam de paqueras específicas em cada local.

Quando você parar em frente à moça para conversar, não se esqueça de manter postura correta, de observar a intensidade sonora do ambiente e se dá para conversar normalmente. Fale a uma distância de mais ou menos um metro, porque é horrível alguém que ainda não se conhece ficar quase em cima da gente. Isso também o ajudará caso você tenha bebido ou comido algo, impedindo a propagação de mau hálito.

Cuide-se sempre antes de conversar com uma mulher; em qualquer ambiente, chupe uma bala, um *drops* ou chicles. Se o som for muito intenso, deve-se falar quase ao ouvido, sem encostar rosto no rosto, tomando o cuidado de ficar de frente para ela, embora pertinho. Quando ela responder, pode-se ler os seus lábios para facilitar o entendimento do que ela disse ou perguntou.

Lembre-se: é difícil responder quando não se entende a pergunta. Você não poderá conquistar uma mulher se não entendeu o que ela disse.

Pode ocorrer que pessoas alheias à conversa venham a atrapalhar, mas também ensinaremos como despistar estes empecilhos em tópicos específicos.

Abordagens Diretas 51

4.3 — Pegá-la pelo Braço

Muitas vezes uma mulher está em um local em que é difícil ou impossível estabelecer contato preliminar de longa ou média distância pelo uso da técnica do olho no olho, ou já realizada com sucesso esta etapa está na hora de uma decisão quanto a ir conversar com a pretendida, porém o local ou as pessoas atrapalham. Desse modo, use da seguinte técnica:

Se a mulher está em algum local, sentada ou parada, em que não seja conveniente ir devido à presença de pessoas que podem atrapalhar, recomenda-se esperá-la sair para ir a algum outro lugar, ao banheiro, por exemplo, e, no retorno, discretamente pegá-la pelo braço e dizer algo em seguida do tipo "oi... paquerei você a noite toda e queria te conhecer... sou o Luiz, e você?"; ela responderá e tentará sair, mas continue rapidamente com outras perguntas curtas estimulando sua resposta. Assim que ela parar, você primeiro soltará seu braço e depois perguntará, mas não deixe a conversa esfriar, e se ela disser que precisa muito ir, tente ao menos conseguir seu telefone e use a técnica indireta outro dia.

Essa é uma técnica a ser usada em último recurso, pois primeiro deve-se tentar conversar com a moça sem tocar seu corpo.

Esta técnica pode ser utilizada em todos os locais em que muitas pessoas se aglomeram, pois não dá resultado se o lugar tem poucos freqüentadores, devido ao medo que você causará nela. Cuidado, pois se mal utilizada essa técnica, algum segurança do local pode interpretar mal sua atitude, caso você demore a soltar o braço dela ou se ela o repelir bruscamente. Por isso, segure levemente seu braço, mantendo seu corpo a uma distância de mais ou menos um metro, para dar-lhe a segurança de tratar-se apenas de um flerte, não de assalto ou coisa parecida. Depois o solte rapidamente, pois ela olhará fatalmente para quem segura seu braço e aí será o momento que a atenção será toda sua. Utilize este momento para dizer algo rápido, que demonstre sua intenção de conhecê-la, fazendo-a baixar a guarda e sentir-se mais segura, tranqüila e vaidosa, porque toda mulher gosta de sentir-se cobiçada. Neste instante ela lhe dedicará atenção, mas logo pretenderá voltar a sua turma, dependendo do grau de interesse que você despertou nela. Seja qual for a intensidade do interesse, esta é oportunidade ideal para você conseguir dados importantes, tais como: telefone, nome,

52 *Como Conseguir uma Namorada e Envolver Pessoas*

local de trabalho, profissão, de quem é amiga, que outros locais costuma freqüentar, se vai em algum evento que está prestes a acontecer, etc.

Pela quantidade, tipo e seqüência das informações, pode-se ter uma idéia do que perguntar e conversar com ela durante a abordagem. Use sua criatividade para fazer o assunto girar em torno destes tópicos e outros que na hora surgirão. Caso ela também comece a perguntar é ótimo, e deve-se deixá-la falar ao máximo, conseguindo as informações aos poucos. Nunca deixe o assunto acabar.

4.4 — Apresentar-se em uma Mesa e Sentar-se

Consiste numa variante da técnica de parar em frente à pessoa e conversar. Para fazer uso desta técnica, você deve ter-se posicionado de forma a iniciar a paquera a certa distância, não estando sua mesa ao lado da de sua paquerada. Quando o ponto estratégico escolhido não dá contato direto com a paquerada, também não dá para ouvir o que ela e seus acompanhantes conversam; deste modo é impossível entrar no assunto deles. Mas o uso da técnica do olho no olho, preliminarmente, permite que um lampejo de interesse possa despertar no íntimo dela, ainda que só por curiosidade, sobre quem é aquele homem que vasculhou dentro de seus olhos... e os olhos são a janela da alma.

No jogo de sedução pela troca de olhares, existe a possibilidade de recusa em seu prosseguimento, então, com segurança, estude o caso real em que você se encontra, antevendo possibilidades e dificuldades, optando por abordagem diferente ou em outro dia e local.

Correspondido nas trocas de olhares, chegará o momento em que você deve ir conversar diretamente com ela ou tudo irá perder-se. Conhecer este exato instante requer jogo de cintura que somente o tempo, o amadurecimento do conhecimento e o uso das técnicas aqui descritas proporcionarão. Uma boa dica é aproximar-se quando ela tiver correspondido seus olhares por duas vezes, de modo mais intenso que da primeira. Ela raramente lhe dará a terceira oportunidade, e a primeira ocorreu devido a simples curiosidade do desconhecido, de saber quem estava ali. Lembre-se de que ela também

Abordagens Diretas 53

estava vasculhando o ambiente, reconhecendo o terreno, quando vocês se olharam pela primeira vez. Porém, é muito diferente o simples cruzar de olhos de um olhar mais profundo, intenso, que penetra o íntimo. Este, sem dúvida, é o segredo da boa paquera, visto todas as modalidades de aproximação ou abordagem iniciarem-se sempre por um olhar.

Para chegar até a mesa dela, caminhe com segurança e boa postura, como ensinado no item *posição e deslocamento pelo local.*

Dirija-se sempre a ela e nunca a outra pessoa da mesa, estabelecendo contato visual diretamente com sua escolhida. Após esta conversa inicial, pode-se, e às vezes é até prudente, também conversar com as outras pessoas presentes, mas sem esquecer qual seu objetivo principal, que deve ser centrado, de forma a não dar oportunidade para que outros interessados possam também estabelecer contato com ela.

Você só poderá sentar-se à mesa dela caso ocorra convite para isso. Pode-se insinuar que esta é sua intenção, de modo discreto, sem tornar-se oferecido.

Uma boa dica é conversar com ela em pé, a seu lado, por determinado tempo, convidando-a para ir sentar-se à sua mesa; então há grande possibilidade de ela retribuir o convite pedindo para você ficar e sentar-se. Na maioria das vezes, também se conseguem informações fundamentais, tais como nome, profissão, telefone pessoal ou do trabalho, se ela vai sempre àquele local, etc., sem a necessidade de sentar-se.

Sua sensibilidade lhe dirá se é para ficar ali e continuar a paquera de modo direto ou ir embora e, de posse das informações, tentar uma abordagem indireta outro dia. Geralmente, uma boa paquera tem esse procedimento, não se exaurindo no mesmo dia e local.

A dificuldade dessa forma de paquera é a mesma da técnica de parar em frente à pessoa e conversar, mas com variantes, porque ali é território dela, estando ela cercada de seus amigos. Mas a conversa inicial realiza-se da mesma forma, com as mesmas perguntas curtas descritas no item referido. Uma boa dica de postura é agachar ao lado dela para conversar ou ficar um pouco inclinado, mas sem cair em cima de sua pretendida.

Evite ficar em pé impedindo o fluxo de pessoas pelo local; porém, caso seja necessário, fique pelo menor tempo possível, colha as informações úteis e saia.

4.5 — Puxar Conversa com a Pessoa da Mesa ao Lado

Esta é uma fecunda técnica com nível de aproveitamento muito alto, desde que utilizada de modo correto. Ao chegar em um estabelecimento, escolha uma mesa estrategicamente colocada lado a lado com a de sua pretendente. Estando sozinho, peça alguma coisa leve para beliscar e uma bebida, sem contudo esquecer-se de que você foi até ali para paquerar, não para beber ou comer exageradamente. Alguns alimentos e bebidas causam mau hálito, desfavorecendo assim conversas próximas. Não esparrame muita coisa sobre a mesa, porque, ao ir ao banheiro ou sair para abordar alguém, quem ficará vigiando? Às vezes percebe-se que a paquerada saiu de onde estava e tem-se um instante muito curto para tomar a decisão e abordá-la. Novamente há tempo para juntar todos seus pertences? Estando acompanhado, alguém de sua confiança tomará conta.

A postura à mesa é fundamental: você não deve esparramar-se, lembrando-se de tudo o que foi discutido no item *posição e deslocamento pelo local*.

Estando acompanhado, procure combinar com seu amigo antes a posição que cada um ficará na mesa, de forma que você fique sentado de frente para ela. Isso evita que seja realizada uma ginástica desgastante, com você fazendo manobras na cadeira para ter ampla visão sobre a moça.

Converse descontraidamente com seu amigo sobre itens comuns, sem contar vantagens ou cair em assuntos maçantes que as mulheres tanto detestam (ex: futebol, ex-namorada, etc.). Lembre-se de que, embora não demonstrem, elas estão ouvindo parte de sua conversa e analisando seu conteúdo psicológico e cultural. Seus assuntos são para descontrair e passar o tempo, não para que elas ouçam. São vocês que devem tentar ouvir o que elas dizem, para pegar uma janela no assunto, e de modo educado, ousado, e de surpresa entrar no meio, fazendo uma pergunta curta que estimule resposta por parte de uma delas. Existe a possibilidade da inexistência dessa janela, devido o seu desconhecimento sobre o assunto por elas tratado (ex.: duas médicas conversando sobre um paciente), mas uma boa dose de humor, dirigindo uma pergunta curiosa, pode resolver (ex.: "você é a amiga da Raquel do Hospital São Mateus?").

Obtida a resposta, cabe a você dar continuidade à conversa; sabendo que a Raquel nunca existiu, não toque mais nesse item, porque elas rapidamente esquecerão, e você não passará por mentiroso caso sua paquera prospere.

Centre suas atenções sobre sua paquerada e evite desviar assuntos paralelos com muitas outras pessoas, embora você deva ser educado e comunicativo com todos, porque os ali presentes são potenciais parceiros em futuros julgamentos sobre sua pessoa ou em uma abordagem indireta.

Nunca permita que ela perceba gafes e atos deselegantes entre você e seu amigo, do tipo paquerarem ambos a mesma mulher ou brigar para pagar a conta. Combinem antes o que será feito e quanto podem gastar, caso você tenha orçamento restrito.

Estando lado a lado com sua escolhida, é fácil conversar sem interferência de estranhos, de barulho, de movimento pelo local, etc. Mas se mesmo assim ela não lhe dá uma brecha ou o corta rapidamente depois da abordagem já realizada, então tente amizade com alguém próximo a ela e saia dali com informações sobre essa pessoa, que será de muito auxílio em uma abordagem indireta futura.

Jogo de cintura e certa dose de humor podem reverter o quadro. Depois de observá-lo conversando com a amiga, ela poderá soltar-se um pouco e entrar na conversa espontaneamente. Caso isso não ocorra, depois de ter certa liberdade com a amiga dela, procure envolvê-la na conversa, fazendo-a liberar-se aos poucos. Lembre-se: paquera é jogo e estratégia, e, às vezes, é preciso contornar um obstáculo para atingir um objetivo. Muitos jogos são ganhos no segundo tempo, alguns ao final dos 45 minutos, e outros na prorrogação.

Uma dica muito importante é desenvolver a sensibilidade de notar a hora de ir embora, embora mesmo, sair daquele local, mudar de bar ou onde quer que você esteja, para dar continuidade na paquera outro dia, de forma mais segura. Muitos até têm parte dessa percepção, porém apenas saem de perto da moça e ficam ainda no mesmo ambiente. Isso desgasta o clima criado e coloca tudo a perder.

Muitas vezes uma retirada estratégica é mais eficaz que uma investida feroz, culminando em morte súbita. Já diziam os lendários guerreiros chineses: "Vá embora e fique vivo para voltar a lutar outro dia".

4.6 — Esperar na Saída do Banheiro Feminino

Esta é uma técnica arrojada, de bons resultados. Todas as mulheres sem exceção, vão acompanhadas ao banheiro. Isso facilita sua abordagem, porque em um local em que há seguranças elas se sentem protegidas e sabem que quando um homem as aborda não é para assaltá-las, e sim com intuito de flertar. Elas dão abertura a esse tipo de contato inicial também devido ao fato de a amiga estar próxima.

Em casos em que seja difícil ir até a mesa de sua paquerada ou onde ela está, devido à presença de pessoas que dificultem a abordagem, espere até que ela se dirija ao banheiro e vá para lá também. Dessa forma, você pode interceptá-la longe das pessoas que o estão atrapalhando e conseguir rapidamente informações úteis que lhe darão condições de prosseguir a paquera outro dia, tais como nome, telefone, onde costuma ir, se é casada ou solteira, etc.

Perceba que dissemos para ir esperar próximo da saída do banheiro feminino, não quase dentro dele. Cuidado para não ser repreendido por algum segurança pela sua indiscrição. Fique em local estrategicamente escolhido, de forma que, ao sair, ela deverá passar por ali. Espere o momento ideal, e quando ela estiver voltando à mesa, vá ao seu encontro, dirigindo-lhe uma pergunta curta, de forma a estimular uma resposta também curta, mas não monóloga, sempre usando a criatividade e o fator surpresa, tal como: "oi... qual o seu nome? ... gostei muito de seu jeito. Já te disseram quantas vezes que você é linda?".

Geralmente, elas sempre respondem quando perguntado o seu nome, e aí a criatividade de cada um dá condições de continuar o assunto, mas lembre-se de que vocês estão em pé, no meio de passagem de pessoas, então a conversa deve ser curta. Diga a ela que está indo embora e que gostaria de seu telefone para um contato posterior. Se já houve cumplicidade na utilização da técnica de olho no olho, ela irá fornecê-lo. De posse dele, vá realmente embora.

Perceba cuidadosamente a semelhança desta técnica com a de pegá-la pelo braço. Há diferenças. Aqui você tenta fazer contato com ela sem tocá-la. Mas se ela for passando sem lhe dar atenção você terá alguns décimos de segundo para decidir usar a técnica de pegá-la pelo braço. Aí, fatalmente, ela lhe dará atenção. Utilize primeiro esta técnica e somente em último recurso a de pegá-la pelo braço.Ela irá retornar ao local de origem e ficará pensando em como será aquele homem tão ousado que pediu seu telefone. No capítulo *Dicas,* ensinaremos, o momento ideal para uma ligação e o que dizer.

4.7 — Carro Lado a Lado

Uma outra técnica de abordagem direta muito utilizada nos grandes centros é emparelhar carros nos semáforos, nos engarrafamentos ou propositadamente, quando você já sabe que determinado carro tem alguma paquera em potencial.

Essa técnica requer perícia no volante e ousadia para enfrentar o desconhecido, isso porque existe risco de colisão quando se mantém o carro avançando lado a lado com um outro, e o mais importante: você só está vendo rosto e braços... sua análise ficou restrita à parte superior. Muitas pessoas, quando sentadas, nos causam uma impressão falsa, diferente dos padrões que todos temos; e ao exporem-se por completo, perdemos o encanto.

Esse risco pode ser contornado quando você já conhece a paquerada ou teve a oportunidade de observá-la em algum local. Caso a primeira vez que você a viu tenha sido no trânsito, lembre-se do aviso anterior para não se decepcionar depois.

Mulheres são boas de volante sim... por isso aquele dito popular de que são perigo constante não merece credibilidade. Cuidado para não se exceder numa manobra mais arriscada que sua habilidade pode controlar; em vez de seduzir, você pode acabar de modo trágico e vergonhoso. Já imaginou se um descontrole seu leva a uma colisão justamente com o carro dela?

Tenha tato para perceber até onde vai a brincadeira com segurança. Isso porque este tipo de paquera começa como brincadeira e termina em um jogo de sedução.

Imagine-se dirigindo por uma avenida que tem muitos bares e gente caminhando pelas calçadas. Estas estão repletas de mesas, o fluxo dos veículos é lento devido à movimentação dos transeuntes e a atenção dos motoristas é dividida entre os carros próximos e as pessoas que ali circulam.

Em todos locais ditos *points* de paquera, onde há algum bar, boate ou qualquer coisa famosa, o trânsito chega até a engarrafar, ocasionado congestionamento. O mesmo ocorre nos faróis próximos a esses locais.

Terror dos passageiros em férias, tais congestionamentos são ricas fontes de paquera nas cidades. Motorista e passageiros observam os pedestres, e estes correspondem num flerte sem fim. Aproveita-se a lentidão ou a parada ocasional do fluxo para analisar as pessoas que rodeiam seu veículo. Paquera-se tanto as pessoas que estão em carros próximos quanto as que estão a pé.

O ser humano dentro de um veículo transforma sua personalidade; é uma couraça a estimular e proteger; sente-se mais capaz, mais preparado, mais atraente. Realidade ou fantasia, é certo que ainda somos frutos de uma sociedade cujos valores estão nos sendo bombardeados desde a tenra infância... carros são sinônimo de *status*, e as grandes montadoras gastam milhões para manter acesa essa chama em nome do consumismo.

Ao trafegar pela avenida imaginária, que aqui representa uma gama infindável de ruas, logradouros, ruelas etc., você vai procurando encontrar alguém de acordo com suas preferências pessoais, e esta pessoa pode estar atravessando a rua, cruzando-a em sua frente, sentada naquela mesa da calçada, estacionando a moto, acabando de sair daquele carro, enfim... pode estar em qualquer lugar. E até mesmo naquele carro próximo ao seu. É exatamente isso! Você reparou naquele carro insistente que forçava a passagem? Não era ela?

Perceba que o trânsito como um todo é manancial inesgotável de paqueras, mas se você está mais propício à paquera por estar motorizado lembre-se de que ela também está. Geralmente, observamos gatas saindo em duplas, trios e até mesmo sozinhas, com carros menos carregados de acessórios, mas infinitamente mais ricos em detalhes importantíssimos para o paquerador do trânsito. Estes detalhes dirão o que você conseguiria numa boa conversa, tais como o detalhe do adesivo "bebê a bordo", cestas com fraldas, brinquedos no banco de trás ou colados no vidro traseiro e até mesmo adesivos de profissão tradicionalmente afixados ao vidro.

Cada um traz consigo uma mensagem, que a perspicácia ensina a traduzir: se tem bebê, há grande chance de a mulher ser casada; se tem brinquedos de crianças, também é casada ou é titia inveterada.

Cuidado com adesivos profissionais; muitas mulheres têm profissões que, embora outrora fossem masculinas, hoje são comuns aos dois sexos. Desse modo, não tire conclusões apressadas; use esta informação para dirigir o rumo da conversa que terão e colha as reais informações. Um exemplo de como podemos nos enganar é ver no carro o adesivo "médico" e ela estar com o carro emprestado de alguém, como o do amigo, irmão, marido, etc.

Em locais onde existe um veículo com uma potencial paquera, você deve ser atrevido, colocando seu carro por alguns instantes atrás do dela e tentar visualizar seu retrovisor.

Quando ela parar, fatalmente, por curiosidade, olhará no espelho e você cruzará olhares breves, que deverão ser insistentes. Ela fugirá olhando para outro local, mas rapidamente voltará, e você novamente se mostrará... "estou aqui".

No próximo ponto de parada repita a operação, e ela, ao sair, arrancará um pouco mais forte que o normal... não repita seu gesto, porém não a deixe distanciar-se demais.

O contato olho no olho deve ser acompanhado daquela expressão facial matreira, esperta, insinuante e, ao mesmo tempo, segura. Não dê risinhos ou faça gracinhas sem antes estudar a viabilidade disso.

Quando tiver oportunidade, coloque seu carro lado a lado com o dela. Seu vidro deve estar aberto, e quando ela olhar sorria... é a segunda técnica de paquera que estudamos. Reveja todas as lições que o sorriso proporciona.

Caso vocês dois estejam sozinhos, sua paquera será frutífera, porque mulheres não arriscam a facilitar nada com dois ou mais homens.

Se ela estiver acompanhada de amigas, ficará mais fácil tanto se você estiver sozinho ou acompanhado de mais um amigo. Mais que um amigo condena consideravelmente seu sucesso em qualquer ocasião.

Na primeira oportunidade que tiver, diga algo a ela, por palavras ou sinais, para consolidar o contato. Você pode dizer: "gostei do enfeite no vidro" ou qualquer coisa que sua criatividade permita, porque ela sabe tratar-se de algo apenas para quebrar o gelo; então você não precisa ser uma enciclopédia ou ensaiar algo grande e difícil.

As frases que dão bons resultados são simples e curtas. Devem ser perguntas ou algo que estimule resposta. Nosso exemplo permite uma resposta do tipo "você acha?"ou "é mesmo?", e não é pergunta, mas provoca uma por parte dela que exigirá sua resposta e a chance de continuar a conversa.

Mas como o tempo é curto, afinal já estamos andando outra vez, você deve levar o contato para o lado das brincadeiras, descontraindo o ambiente e a aura que cerca os veículos.

60 *Como Conseguir uma Namorada e Envolver Pessoas*

Na hora você perceberá se é melhor pedir o telefone para ligar outro dia ou convidá-la(s) a parar em algum barzinho. Se forem juntos a qualquer local, deixe sempre que a sua paquerada decida onde ir... afinal ela está conhecendo alguém novo e merece sentir-se segura. Caso você tente impor seu local, ela pode recusá-lo ou no trajeto abandonar você e ir embora.

O máximo que se pode e que se deve tentar conseguir com este tipo de paquera, em primeiro lugar, é o telefone da moça, porque isso facilita contato por paquera indireta outro dia. Tente conseguir o de sua residência ou o seu celular; caso haja recusa, opte por conseguir o endereço de seu local de trabalho e, após esta informação, seu telefone profissional. Isso porque você poderá ligar e verificar se o telefone dado é correto, caso ela o tenha fornecido, e se não forneceu, você acaba de conseguir na lista telefônica. Após o pedido do telefone, tente convidá-la a dirigir-se a algum local.

Quando fizer o convite, faça-o de modo que todas as garotas dentro do veículo sintam-se convidadas e deixe-as tomar a decisão de onde ir, porque, às vezes, elas já saíram de casa decididas a ir a determinado local e raramente mudarão seus planos por você. Acompanhe-as a esse local.

Chegando a esse local, você deve ser o mais cordial possível e nunca, em hipótese alguma, dizer que não gostou. Pode até comentar que é diferente, curioso, mas lembre-se de que o ambiente é dela e qualquer deslize pode colocar a paquera em risco.

De volta ao trânsito, jamais se deve forçar uma ultrapassagem para mostrar que seu carro é mais potente que o dela; isso provoca o seu ego interior, e em qualquer ser humano, quando estimulamos o sentimento de inferioridade, ele vem seguido de repulsa pelo opressor.

Lembre-se de que o sentimento que você busca despertar-lhe não é esse, mas sim curiosidade, descontração, culminando na admiração. Esta é a fase final quando já está despertado o interesse por parte dela. E isso leva tempo.

Às vezes, uma paquera deste tipo leva a um verdadeiro passeio; devido às voltas dadas, circula-se por uma avenida toda, entra-se em ruas desconhecidas ou pouco movimentadas e até é possível terminar em outro bairro.

Deixe-a tomar a decisão de onde ir, seguindo-a apenas e observando as setas indicadoras de direção, porque aí você saberá para

Abordagens Diretas 61

que lado ela pretende virar e isso facilitará o posicionamento do seu carro de modo mais adequado à paquera.

Caso você perceba a estar incomodando, tenha senso de parar a perseguição, porque ela pode estar constrangida e procurar auxílio nos locais mais diversos e até na polícia.

Com poucos metros de proximidade dos veículos é possível ter um lampejo de noção de se a paquera vai ou não prosperar. Aqui não temos aquele último recurso de pegá-la pelo braço. O máximo que se pode fazer, caso você perceba que tudo está tomando o rumo não desejado, é afastar o veículo e observá-la de longe, de modo que ela não note sua presença e que você possa segui-la. Caso ela se dirija a algum lugar público, como bares, boates, restaurantes etc., você poderá ir lá também e entrar sem que ela perceba e tentar outra técnica de abordagem direta. Procure antes saber se ali tem alguém de seu círculo de amizades, que a conheça, e peça informações que poderão proporcionar uma ótima paquera pelo método indireto.

Capítulo V

Abordagens Indiretas

5.1 — Definição

Teremos uma abordagem indireta quando estabelecermos contato com a pretendida utilizando algo ou alguém como meio dessa conexão. Dessa forma, poderemos nos comunicar com ela sem contato direto.

Estabelecido esse meio de comunicação, o que se deve trabalhar são as idéias que se transmitem a ela, fazendo bom uso da linguagem e colhendo as informações recebidas.

Portanto, toda abordagem indireta é um meio de comunicação no qual o objetivo é conseguir um encontro entre vocês, e depois, de modo direto, usar das técnicas ensinadas a respeito para iniciar-se um relacionamento.

A comunicação entre você e sua pretendida pode ser oral, no caso de você se utilizar de telefone, rádios transceptores e circuitos fechados de som e imagem. Embora não esteja presente, você faz uso da linguagem oral para expressar-se e é você mesmo que articula os sons que levam até ela a mensagem escolhida. Há a variante de alguém retransmitir recados seus, em que, embora o conteúdo da mensagem seja seu, é outra pessoa que fala diretamente à paquerada.

A comunicação pode ainda ser escrita. Aqui os símbolos gráficos é que são encarregados de levar a mensagem até ela. Você próprio os escreveu ou outra pessoa fez isso em seu lugar, a seu mando ou obedecendo um ditado seu.

Em casos raros, pode-se utilizar ainda outras formas de linguagem, tais como desenhos, objetos representativos (como flores) e imagens (fotografias).

Neste tipo de abordagem, a resposta da sua pretendida também será de forma indireta, e essa mensagem chegará até você quase sempre pelo mesmo veículo utilizado para emiti-la. Também pode ocorrer de ela se utilizar de outro veículo de comunicação, não deixando de ser um contato indireto. Em casos raríssimos, ela se dirigirá a você de forma direta, indo conversar.

A comunicação indireta é muito fértil e proporciona bons resultados se utilizada de acordo com nosso método e bom senso.

Uma mulher que normalmente não lhe daria a oportunidade de uma conversa direta, fazendo com que ela percebesse a ótima pessoa que você é, aceita a comunicação indireta. Assim, você tem a chance que não teria de causar-lhe boas impressões e de que ela o conheça.

Contatos indiretos fazem qualquer ser humano (e as mulheres, principalmente) sentir-se mais à vontade, mais seguros com mais proteção e mais desinibido. Todos sabemos que a exposição pública provoca calafrios em quem não é habituado a isso, por mais preparado que seja.

Ao utilizar-se da comunicação indireta, você pode ousar mais, dentro de limites, e conseguir expressar o que não conseguiria normalmente.

Interceptar uma mulher com sucesso é coisa que somente a maturidade e a experiência proporcionam. Há pessoas que têm esse dom nato, mas suas infâncias foram regadas de oportunidades e situações por que a maioria nem sonha passar. Então, a mente mais preparada interpreta mais agilmente as oportunidades surgidas. E aí falam que uns têm mais sorte que outros.

Uma abordagem direta pode resultar em fracasso total em várias situações em que a falta de estrutura de apoio e de interesse por parte da sua escolhida não lhe dão chance de atuação positiva. Nestes casos, recomenda-se uma abordagem indireta, que possibilita um contato com a preferida e a alternativa de um futuro encontro.

A abordagem indireta possibilita que no encontro direto você já esteja com alguma liberdade com a paquerada. Isto se deve ao fato de vocês já terem-se comunicado e um analisado o outro, ainda que superficialmente. Por telefone, pode-se sentir a entonação da voz, a respiração, as pausas na conversa, o nível intelectual e a velocidade das respostas. A tudo isso soma-se que você coletará grande quantidade de informações úteis, como gostos e preferências, e já podem combinar o que fazer, onde se encontrar, evitando assim surpresas desagradáveis.

Analisaremos as formas mais comuns de abordagem indireta, de modo que, as conhecendo, você terá subsídio suficiente para enfrentar o seu caso concreto e tirar dessa situação o máximo proveito e conseguir marcar um encontro com a paquerada.

5.2 — Por Intermédio de Terceira Pessoa

Quando pedimos a uma pessoa qualquer que retransmita à paquerada uma mensagem com o intuito de influenciá-la a aceitar um futuro encontro, estamos diante da modalidade de paquera indireta por intermédio de terceira pessoa. Esta pessoa pode ser um amigo de longa data, um desconhecido ou pessoa conhecida, mas com pouco contato, equiparada aqui a um desconhecido para fins didáticos. É muito comum a utilização de funcionários do local em que você se encontra para fazer este serviço. Um exemplo muito comum é pedir a garçons que levem recados e bilhetes. Vamos descrever as vantagens e desvantagens de cada atuação, e nosso método lhe proporcionará condições de obter resultados positivos.

5.2.1 — Amigos Levando Seu Recado

É muito comum pedir a amigos que intercedam a nosso favor. Faz parte da natureza humana socorrer-se de pessoas próximas em momentos de dificuldade e angústia. Não há nada mais angustiante que ficar longe da pessoa amada ou que se sonha em conseguir.

Os contatos indiretos realizados por terceira pessoa são muito comuns e freqüentes. Todos, com certeza, já passaram por situações assim, sendo os mensageiros de alguém ou os receptores destas mensagens tão gostosas de se receber... quem não se sente bem ao saber que alguém está interessado em sua pessoa?

Quando utilizamos amigos de longa data para serem os nossos mensageiros, temos a sensação de estarmos sendo bem representados, e que esta pessoa fará tudo ao seu alcance por nós. Ledo engano. Em grande maioria dos casos a competência de nossos amigos não é tão grande quanto nos parece, e sua influência perante a desejada só nos é frutífera se realmente ele a conhecer e tiver bom relacionamento com ela.

Uma simples frase maldita ou colocada maliciosamente por nosso mensageiro coloca tudo a perder. Ainda há a chance de esta pessoa de nosso círculo de amizades mostrar-se muito amiga pela frente, e por trás ser uma cobra, que estraga todos os nossos planos por maldade ou por inveja. Assim sendo, você pode ter certeza de que sua abordagem indireta está comprometida.

Lembre-se de que seu melhor amigo tem também um outro melhor amigo, e isso pode expor seu sigilo, e alguém, por não gostar de você ou por maldade, pode acabar estragando toda a tarefa de aproximação que você formulou ou já realizou.

Por todas estas observações, é pouco provável que sua abordagem tenha sucesso se você empregar um amigo de longa data para levar uma mensagem até sua pretendida se ele a conhecer e não for de sua estrita confiança.

É possível que você tenha sucesso empregando pessoas amigas, mas estas devem ser de moral reta e ilibada, sem interesse algum em conquistar sua pretendida ou atrapalhar sua paquera. Cerque-se de pessoas habilidosas em tratar as pessoas e que saibam transmitir o que você programou.

Quando pedir a algum amigo que o auxilie em uma paquera, tenha em mente todas estas observações e não se arrisque. Peça à pessoa que o ajude em coisas que não o comprometam e que são muito úteis, tais como marcar encontro, se possível levar a paquerada a algum local em que você estará, conseguir o telefone dela, descobrir o seu endereço e até mesmo levantar a ficha sobre sua vida pregressa.

Assim, superada esta fase, seus amigos o auxiliaram e não tiveram condições de interferir de modo negativo em sua paquera. O máximo que podem fazer é não desempenhar a tarefa pedida satisfatoriamente.

Satisfeitas as etapas solicitadas a essa pessoa amiga, é você mesmo, de modo direto, que tomará as decisões de como conduzir a comunicação com a paquerada e não correrá o risco de ver sua conquista ruir por incompetência ou por ser sabotado. Pode-se ainda, de modo indireto, entrar em contato com a paquerada e prosseguir a conquista, depois de seu amigo ter conseguido ajudá-lo de alguma forma, como por exemplo com a obtenção de um número de telefone. Aqui a paquera prossegue em outra modalidade indireta, mas com você mesmo tomando as decisões.

Uma das características de paqueras indiretas é que uma abordagem desse tipo pode sempre prosseguir com outra modalidade de abordagem indireta.

5.2.2 — Desconhecidos Levando Seu Recado

Quando você decide utilizar pessoas que conheceu na hora para transmitir um recado, corre o risco de ver a paquera tomar um rumo indesejado por desinteresse da pessoa portadora da mensagem, que não o conhece e não tem nenhuma consideração por você, ou por incompetência dela em retransmitir o que você expressou.

Assim, tenha o cuidado de NÃO fornecer alguma contraprestação a essa pessoa, como uma gratificação ou um presentinho com tom de desinteresse.

Esta pessoa não é burra e tem sentimentos, que ficarão feridos com sua oferta. Neste caso, ela não fará este favor a você e se o fizer, será para prejudicá-lo.

Você assumiu o risco de colocar nas mãos de um estranho uma tarefa delicada, e desconhecendo sua fidelidade e competência você já pode imaginar o resultado que quase sempre virá.

Mas se você é uma pessoa que consegue facilmente se expressar e tem facilidade para convencer um desconhecido a prestar-lhe este favor, as chances de sucesso aumentam.

Lembre-se de que se pode pedir aos amigos apenas coisas que não comprometam o verdadeiro teor de sua paquera e que sejam úteis. Com desconhecidos, você deve agir da mesma forma.

5.2.3 — Garçons Levando Seu Recado

É muito comum pedir a garçons que levem bilhetes, cartões e objetos a alguma gata presente no recinto. Faça isso colocando algum dinheiro junto.

Uma boa dica é que seja uma nota só. O valor depende do seu poder aquisitivo, e faz o garçom ficar muito prestativo, inclusive ficando ele atento a uma possível resposta dela. Lembre-se de pedir isso a ele. Valores irrisórios são piores que não dar nada.

5.2.4 — O que Escrever à Paquerada

O que escrever nos bilhetes depende da cultura e natureza pessoal de cada um, porém você deve ser ousado e polido ao mesmo tempo.

Primeiro coloque uma frase pequena e simples para quebrar o gelo, tal como "oi... eu sou o Luiz... te achei maravilhosa...", já fornecendo alguma informação sua, como seu nome, e pergunte depois o nome dela, de modo também simples, aos moldes deste exemplo: "como você se chama?". Você reparou que tudo deve ser simples e sem rodeios, sem bancar uma enciclopédia ambulante.

Depois disso, peça o telefone dela, que é grande fonte de contato, ou algum para recado. Só em casos raros, e que sua sensibilidade permitir, arrisque-se a pedir o endereço de trabalho e residência. Se pedir isso de cara, você terá grande chance de ela não lhe dar resposta alguma.

Existe a possibilidade de você enviar a ela um cartão profissional seu, porém corre-se o risco de ficar parecendo coisa muito formal, e o conteúdo do cartão ser taxado de esnobe.

Muitos se servem da técnica de apenas enviar à paquerada um bilhete ou cartão contendo seu próprio telefone e ficam à espera de que ela ligue. Acreditam que se ela ligar é porque está interessada e que assim a paquera está no papo, fácil de conquistá-la. Vamos analisar isso de modo racional. Primeiro, as mulheres que realmente têm *pedigree* não correm atrás de homens, e para conquistá-las é preciso trabalhar muito e bem. Ainda há o fato de que mulheres especiais, lindas e realmente interessantes têm muitos homens a seus pés e não precisam ficar pegando o primeiro que aparece. É verdade que elas também amam e lutam por esse amor. Vão de encontro a essa pessoa especial de suas vidas com garra. Mas será mesmo que você se considera tão especial assim, a ponto de fazer uma gata ligar atrás de você sem nenhum esforço? Então por que está lendo este livro? Venha nos ajudar a escrever outros.

Mulheres têm facilidade muito grande de interpretar o objetivo e a intenção de um paquerador, são mais sensíveis que os homens e ficam constrangidas com a falta de tato por parte deles em tentar ganhar sua atenção.

Elas têm criatividade aguçada e esperam que o homem também a tenha ao dar-lhes uma cantada. Toda mulher sabe que será cantada e sai de casa para isso, mas fica muito aborrecida com a

Abordagens Indiretas 69

repetição constante que a maioria dos homens faz. Parece até que cursaram a mesma escola e aprenderam somente as mesmas coisas. Cantadas pouco originais provocam o sentimento de que ao lado daquele homem jamais viverão emoção alguma. Começa-se a perder pontos aí.

Por isso, não se arrisque escrevendo a uma mulher coisas que não são do seu dia-a-dia, que não fazem realmente parte da sua cultura, de seu inteiro domínio, porque as chances de o resultado ser negativo é muito grande.

Prefira uma cantada simples e sem rodeios, sem esclarecer qual sua verdadeira intenção. Na verdade, ela sabe qual é o seu objetivo, mas entra no jogo e lhe dá a chance da próxima jogada.

Sem ataques diretos você pode manejar as situações de acordo com nosso método, e com isso caminhar rumo ao objetivo de conquistá-la.

Não se conquista uma mulher de inopino. É preciso tempo, prosseguir nas etapas, conquistar sua confiança, seu respeito e fazer com que ela veja em você um ponto de apoio sólido e duradouro. Desta forma, não espere que um simples bilhetinho vá fazê-la levantar-se e dirigir-se até onde você está e cair a seus pés apaixonada.

Já dissemos várias vezes e vamos repetir que paquera é jogo de estratégia; não existem duas situações idênticas. Cada caso é único, embora existam semelhanças. Então se conclui que não existe cantada fatal, que sirva a todas mulheres e situações.

5.2.5 — O que Pedir à Terceira Pessoa

Para uma terceira pessoa você pode pedir que retransmita um recado seu à paquerada, que leve a ela um bilhete ou cartão seu, que lhe entregue algum objeto ou que estude seus passos e colete dados sobre ela.

Quando pedir que uma terceira pessoa retransmita algum recado seu, você corre o risco de a idéia chegar até ela distorcida. Isto lhe causará grandes aborrecimentos e pode até mesmo comprometer toda a paquera de modo irreversível.

Para evitar este risco, você deve formular um recado pequeno, simples e objetivo. Assim é mais fácil de a pessoa que vai ser o veículo da mensagem decorá-la. E não precisará de muito esforço quando for desempenhar a tarefa.

70 *Como Conseguir uma Namorada e Envolver Pessoas*

Embora muitos aumentem a mensagem se o conteúdo for pequeno e simples, esta pessoa não terá como esticar ou distorcer muito suas idéias originais.

Lembre-se de pedir este tipo de auxílio somente a pessoas credenciadas por você. Elas devem ser capazes de transmitir com plena fidelidade o seu recado. E você deve fazer uma sondagem desta pessoa para descobrir se ela tem algum interesse oculto por sua paquerada. Se você perceber algum tipo de interesse, então esta pessoa não é a indicada para a missão.

5.3 — Por Telefone

Sem dúvida alguma estamos diante da melhor e mais frutífera modalidade de paquera indireta. Isto porque possibilita um contato tão profundo com a paquerada que quase é direto. Poderíamos até classificá-lo de parcialmente direto.

O telefone permite uma conversação instantânea, sem interrupções, e aproveitando os novos assuntos que surgirão durante a conversa você pode coletar informações que não estavam em seu plano original. Isto ocorre graças à dinâmica da comunicação ativa e instantânea que este aparelho permite.

Até mesmo as pessoas mais tímidas soltam-se neste veículo de comunicação. O fato de não estar frente a frente com a paquerada dá uma segurança maior que se estivesse em sua presença. E ainda se pode usufruir da mesma dinâmica de uma conversação direta.

A invenção de Gran Bell acabou com a distância, e assim podemos conversar com pessoas que estão muito distantes de nosso raio de atuação. Isso nos deixa ainda à vontade para localizar e conversar com alguma pessoa quando bem entendermos.

O telefone leva nossas mensagens onde não podemos ir naquele momento, por impedimento ou comodidade, e entra em qualquer ambiente, nas residências, nos trabalhos, e localiza uma pessoa em quase qualquer lugar.

Tais vantagens indiscutíveis fazem do telefone um elo muito forte entre você e sua paquerada. É por meio dele que o mundo moderno processa milhões de informações diariamente e é com ele que você estará próximo da paquerada, desconsiderando o espaço que os separam.

Abordagens Indiretas   71

Ao calor de uma animada conversa sentimo-nos tão próximos da paquerada que temos a sensação até de que ela está ao nosso lado, nos envolvendo com todo o seu magnetismo. Conseguir o número de telefone de alguém é tarefa razoavelmente fácil, sem nenhum segredo, mas que representa muito mais que os algarismos arábicos grafados em um pedaço de papel.

Este papel contendo tão expressivos símbolos é um meio de colocá-lo em contato com a paquerada, fazendo do gesto de discar um ritual tão comum, e o som da chamada uma angústia sem fim. São segundos transformados em séculos. O que dizer? Quem será que vai atender? Será que ela está em casa?

Nossa mente varre todas estas possibilidades em frações de segundo, e a experiência mostra que, ocorrendo de ela pessoalmente atender o telefone, suas chances aumentam consideravelmente. Isso porque outra pessoa não tem como dizer que ela não está ou que no momento se ocupa de afazeres inadiáveis.

A principal dificuldade encontrada nessa abordagem é o famoso nó na garganta quando alguém que gostamos tanto está do outro lado da linha. Mas lembrando-se de que você está sozinho e a paquerada, do outro lado da linha, acaba a inibição, e os assuntos fluem de maneira mais segura. Outra grande dificuldade é conseguir que a pessoa que queremos atenda o telefone. Tudo parece dar certo quando o telefone toca e exatamente essa pessoa atende.

Quando tiver alguma dificuldade à vista em suas paqueras e você perceber que em uma paquera direta dispõe-se de pouco tempo para conseguir algo frutífero, gaste este tempo tentando conseguir o número de telefone do trabalho da sua paquerada e depois o de sua residência. A seqüência não pode ser quebrada, porque a mulher tem o hábito de proteger seu refúgio, ou seja, seu lar, de quem quer que seja; mas ao fornecer o número de telefone de seu trabalho ela se sente protegida e suficientemente capaz de ousar, então vem à tona o sentimento de curiosidade sobre o desconhecido e a vontade de aventurar-se. Assim, ela dificilmente negará o pedido de um telefone que não a exponha, mas fornecerá um número falso se uma pessoa pela qual ela não esteja suficientemente envolvida ficar insistindo.

Desenvolva a conversa de modo que ela perceba que você é uma pessoa equilibrada e confiável. Assim, ela fornecerá o número verdadeiro não só do trabalho, mas também de sua residência.

72 *Como Conseguir uma Namorada e Envolver Pessoas*

De posse do número da pessoa paquerada, não ligue imediatamente ou no dia seguinte, por mais vontade que tenha e ainda que a pessoa gentilmente lhe tenha pedido. Esta é uma das lembranças do princípio do tempo certo. Se você ligar logo, demonstrará grande interesse de sua parte, e a paquerada não lhe dará o valor que realmente merece. Por outro lado, se ligar tardiamente, perderá a pessoa definitivamente devido à sensação de desinteresse que ela percebeu em você. Muitas mulheres podem interpretar isso como rejeição, e coisa que mulher não perdoa é isso.

O tempo certo de uma ligação gira em torno de dois a quatro dias. Este período é suficiente para que ela reflita sobre você e até fique curiosa cada vez que o telefone tocar (ex.: "será ele?"). Todas as mulheres, sem exceção, têm um sentimento muito mais desenvolvido que os homens: a curiosidade. Mesmo que não tenha gostado muito de você, ela não aceita o fato de você não ligar. Isso fere seu sentimento básico de mulher. Por isso, depois de deixá-la esgotar suas reservas de paciência e antes de atingir o patamar do desprezo, ela estará mais acessível à conversa telefônica.

Disque o número desejado e observe quem atende. Se for ela, diga algo simples para quebrar o gelo, mas nada que a faça recordar de algum momento negativo, seu ou dela, que ocorreu em seu último encontro.

Uma boa dica é ser descontraído com uma pitada de brincadeira, sem maldades ou malícias. Inicie a conversa com algo do tipo "oi, Rê... é o Luiz... tudo bem? Como passou desde sábado?". E assim desenvolva a conversa sempre em tom de amizade, sem entrar em assunto de namoro.

Vamos analisar este pequeno diálogo. Quando você disse "oi, Rê...", transmitiu uma sensação de intimidade mesmo que ela nunca tenha lhe dado tal liberdade; mas como você não vai ultrapassar a barreira que o bom senso impõe, ela aceita o tratamento e entra no jogo. Ao dizer "é o Luiz", você se identificou de modo informal e continuou na linha de intimidade controlada. E ao dizer onde se conheceram ou estiveram juntos na última vez, já forneceu a ela dados para recordar-se de você.

Então é desnecessário o chato "lembra-se mim? Eu era aquele que..."; isso só traz lembranças difusas e pouco recomendáveis, porque se você cometeu alguma gafe naquele dia, um bom diálogo agora, de nível, apagará tais lembranças. Lembre-se de que a última impressão ficará marcada mais fortemente nas lembranças dela.

Abordagens Indiretas 73

Continue a conversar sem dar a entender seu interesse por ela; não seja direto, cultive o momento, tenha uma dose de romantismo aliado ao instinto de caçador. Deixe a conversa fluir por assuntos comuns e agradáveis, mas desvie de assuntos que as mulheres tanto detestam, como futebol, suas ex-namoradas, etc. Utilize seu raciocínio para controlar o rumo da conversa e estrategicamente vá colhendo as informações que lhe interessam, sempre mostrando-se agradável e descontraído.

Já dissemos várias vezes: paquera é jogo de estratégia. Em uma comunicação, envia-se uma mensagem em direção ao receptor e estimula-se neste um processo de interpretação que culminará em uma reação. Se estimularmos do modo correto, poderemos obter na pessoa com quem conversamos uma resposta igual ou muito próxima da desejada por nós.

Conhecer os vocábulos, suas interpretações e a hora exata de colocá-los define o rumo da conversa e das reações que a outra pessoa terá. Mas não se esqueça de que um mesmo vocábulo tem interpretações diferentes em localidades diversas, e por isso mantenha-se informado sobre a região de onde vem sua paquerada ou atenha-se a vocábulos simples, que dificilmente terão duplo sentido ou interpretação.

O que conversar é para muitos um enigma indecifrável. Mas garantimos que é mais simples que parece. Não existem fórmulas secretas ou frases decoradas que possam resolver todas as possíveis situações. A cada momento a conversa toma rumos inesperados, e novos assuntos diferentes dos que você havia imaginado vêm à tona. Isso é a dinâmica da conversação.

Essa dinâmica, que pode significar um obstáculo intransponível para muitos, é para nós uma grande aliada. Quanto maior a possibilidade de variar os assuntos e mudar o rumo da conversa, melhor serão as alternativas disponíveis de contornar a conversa e dirigir os temas em discussão para onde nos interessa. Desta forma, podemos conduzir a comunicação com a paquerada de modo a obtermos o resultado que tanto desejamos.

Por telefone, a comunicação pode ser feita com você mesmo falando à paquerada ou outra pessoa falando em seu nome. Podemos conversar com uma mulher desconhecida, e esta é a forma inicial de um contato mais profundo com ela. Assim, utilizamo-nos da paquera indireta por telefone para conseguir marcar um encontro com a mulher escolhida. Mas esse encontro pode ser marcado rapidamente ou demorar a ocorrer, dependendo das variantes da conversa e do conduzir da sua sedução. Podemos ainda conversar com uma mulher já conhecida nossa. Neste caso, a conversa toma um rumo mais prudente, não convindo utilizar frases dúbias ou maliciosas, ou ainda se atrever a mentir em assuntos que ela conhece. Você ficará cada vez mais queimado perante sua escolhida com estas atitudes.

Quando você mesmo for falar à paquerada, mantenha o tom descontraído na conversa. Lembre-se de que ao falar você emprega sua energia, e sua entonação carrega estímulos que revelam seu estado de espírito. Muitas vezes é possível fingir estas reações, mas comumente não é o que ocorre no dia-a-dia. As pessoas sem espírito armado ou predispostas por alguma coisa anterior tendem a ser espontâneas.

É a primeira vez que vai ligar para uma gata desconhecida. Disque o número de um local em que você possa conversar à vontade, com certa privacidade e que tenha certeza de que não será interrompido.

Inicie a conversa em tom discreto de intimidade. Você conseguirá isso com frases curtas, como se ambos já fossem conhecidos, e já fornecerá dados seus, para que ela entre em seu jogo. Assim a conversa será informal e mais escorreita.

Uma dica a esse respeito é iniciar um papo assim: "oi, Paulinha... é o Marcelo... estive com você sexta passada na boate... você estava linda...".

Ela associará você à pessoa que conheceu na boate ou noutro local qualquer. Caso tenha obtido o telefone dela por terceira pessoa, você deve avaliar a situação e se convém ou não revelar quem o ajudou a conseguir tal número. A frase proposta é básica e deve ser adaptada de acordo com a situação e a forma utilizada para conseguir o telefone dela.

Mantenha sempre a lembrança no princípio do tempo certo e não estique demais a conversa. Há momentos em que os assuntos ficam maçantes e já começam a incomodar a paquerada. Quando isso acontecer, é hora de desligar. Em outra oportunidade, continue a conversa. Faça isso para que ela nunca o associe a uma pessoa chata e pegajosa. Este estímulo negativo produz a reação de ela pedir para dizer que não se encontra ou que está muito ocupada toda vez que você ligar. Precisamos provocar nela estímulos opostos a este, do tipo dar vontade de atender e correr para isso, dizendo a todos quando o telefone tocar: "deixa que eu atendo... é para mim".

5.4 — Pela Internet

A Internet entrou em nossas vidas como fez em tempos remotos a televisão. Grande quantidade de lares no mundo todo já dispõem de computadores, e seus possuidores, na maioria, são apaixonados pelas maravilhas da tecnologia moderna.

Além dos lares, muitas empresas possuem computadores, e além de programas profissionais, essas empresas têm a Internet como fonte alternativa de obter informações.

Não é só para uso técnico ou profissional que a Internet é utilizada. O lazer faz-se presente nas salas de bate-papo, principalmente.

Nessas salas virtuais, podemos encontrar pessoas dos mais variados tipos, de idades diversas, de lugares desconhecidos, de culturas e preferências tão díspares que a curiosidade vem à tona.

Relembra, assim, hoje, no mundo moderno, o romantismo de outrora, em que a escrita fazia o papel de principal veículo condutor de mensagens. Os antigos carteiros foram substituídos por cabos condutores, e as agências de correios, por provedores; os endereços pessoais, por e-mails.

Porém as pessoas não mudaram... continuam curiosas em ver o que tem dentro do correio eletrônico, exatamente igual sentiam nossos avós ao observarem o carteiro aproximando-se de suas residências.

Antes, levava-se tempo para transportar malotes contendo as mensagens, e se a distância fosse grande, podia-se até extraviar. Hoje, ao toque de um botão no mouse, enviamos mensagens ao outro lado do mundo em segundos. Atravessamos os mares sem sairmos de nossos lares.

A comunicação instantânea fez a globalização do planeta. E a Internet, ao lado de outras formas de comunicação, é uma das responsáveis por tal avanço.

Nas salas de bate-papo ou utilizando o e-mail, estamos conectados com uma gama infindável de pessoas, daqui e de qualquer parte do mundo.

Muitas pessoas que estão longe de casa, em outras localidades, entram em salas regionais de seus países de origem para conversar com patrícios e sentirem-se pertinho de casa.

Porém também ocorre que muitas pessoas encontram nessas salas uma válvula de escape para suas angústias, para seus anseios e para o estresse do dia-a-dia.

Não contentes com o atual estado em que se encontram no aspecto sentimental, essas pessoas buscam na Internet uma opção para extravasarem seus mais íntimos desejos. Fazem isso porque se encontram sozinhas ou não satisfeitas com a pessoa com quem têm compromisso ou relacionamento. Buscam na Internet um local onde alguém possa "ouvi-las" e corresponderem às mais variadas fantasias. É comum pessoas respeitáveis adotarem pseudônimos estranhos e até escreverem coisas comprometedoras sobre sua reputação.

Porém, estes empecilhos são superados com cuidados simples, como não falar da vida íntima ou fornecer telefones residencial ou de trabalho a estranhos.

Também não espere milagres desta forma de contato com estranhos. Eu disse estranhos porque quem está do outro lado da linha pode mentir sobre suas qualidades, e mesmo que você venha realmente a conhecer esta pessoa ela será muito diferente do que se mostrou na sua tela. Então entre essa pessoa imaginária e a que você conheceu haverá diferenças tão grandes, que ela será um estranho a que você imaginou e fez contato.

Devido ao fato de a maioria das pessoas extravasarem seus egos expondo uma imagem do que gostariam de ser, em vez do que realmente são, você não encontra na Internet uma fonte segura, capaz de proporcionar encontros satisfatórios. Você acaba teclando por muito tempo com uma pessoa que imagina ser de uma forma e que acaba sendo de outra. Quando se marca um encontro e vai-se conhecer a tão esperada pessoa, tem-se uma surpresa desgastante.

Lembre-se de que pessoas maravilhosas, bem-sucedidas, de bom gosto, bonitas por dentro e por fora, sempre têm muitas opções e possuem muitas outras pessoas interessadas, e devido a este leque de possibilidades preferem o que já conhecem e está à mão, não ficam à procura de alguém na Internet. É certo que essas pessoas também entram em algum site ou eventualmente nas salas de bate-papo, mas o objetivo é outro que a busca ou a procura de alguém. Pode ser até por puro prazer.

Não se iluda com fatos imaginários. Conhecer alguém que vale a pena é coisa que deve ser feita pessoalmente. Tem de haver o arrepio na pele, tem de estremecer por dentro, tem de fazer do toque uma sensação capaz de levar-nos às nuvens. Sem isso, é desejo platônico. A Internet é rica fonte de ilusão, mas pense nas reais possibilidades de conhecer alguém pessoalmente, no dia-a-dia, em qualquer local. Aí sim você vai sentir o que a tela não pode proporcionar. Então realmente saberá se aquela pessoa pode ou não ser a tão desejada ou procurada. Mas embora este contato inicial possibilite esta análise, há outras, que você fará mais detalhadamente, para saber se aquela realmente é a pessoa certa. Estamos falando do convívio diário.

Mas se mesmo sabendo dos perigos de conhecer uma pessoa muito diferente das características que lhe foram passadas ou caminhar pela ilusão em vez da realidade você ainda quiser entrar neste mundo virtual para conhecer alguém, então vamos dar dicas testadas e seguras.

Pode ocorrer de você teclar com alguém interessante. Existem casos em que se conhece pessoas de boa formação e até de relacionamentos que iniciaram assim e duraram.

Quando teclar na Internet, não minta. Embora seja tentador, não aumente suas qualidades ou superfature suas reais possibilidades. Se o fizer e a amizade virtual desenvolver-se satisfatoriamente, quando vocês marcarem um encontro você terá de mostrar-se como realmente é, e o castelo imaginário que montou vai desmoronar. Certamente você vai perder uma pessoa com quem valeria a pena continuar o relacionamento.

Seja discreto e não envie seu telefone ou endereço a ninguém. Comece e mantenha contato por e-mail. Expor sua vida a estranhos é risco grande, que pode levar a situações desagradáveis.

Jamais envie fotos suas ou de familiares pela Internet. Muitos podem captá-la e você desconhece o destino que darão a ela. Isto pode ser motivo de grandes dores de cabeça.

Quando marcar encontros com alguém que conheceu assim, prefira sempre locais públicos. Nunca fique de passar na casa de uma pessoa para apanhá-la ou dê seu endereço para que ela o apanhe. Se ela vai até algum local pelos próprios meios, também tem como voltar por si só; porém, se você a conduziu até esse local, assume a responsabilidade de retorná-la a sua residência, o que será um grande problema caso a pessoa não seja do seu agrado. E isso acontece muitas vezes.

Muitas pessoas marcam encontro combinando a roupa que vestirão para facilitar a identificação, e vão a ele com roupa diferente, para conferir se a outra pessoa é do seu agrado. E você também se sentirá tentado a fazer a mesma coisa. Resultado: vocês nunca se encontrarão.

Para evitar isso, vá acompanhado ao encontro. Use das roupas combinadas, mas leve alguém junto, já previamente ajustado de que uma expressão ou simples frase significa que a pessoa não agrada e que é hora de chamar para ir embora. Assim, de modo educado, você não magoa ninguém. Uma boa desculpa é melhor que sair dizendo descaradamente que não gostou. Todos têm sentimentos que devem ser respeitados, e um fora educado cai bem para homens e mulheres.

Lembre-se de que os homens detestam levar um fora seco, sem o mínimo de tato ou educação, de mulheres bonitas, atraentes, interessantes, mas pouco dotadas de consideração, de respeito e das técnicas do bom viver. Mostre-se melhor que elas. Não desconte em alguém o tratamento desumano que já recebeu um dia. Descarte a pessoa de modo cortês e discreto. Cada qual seguirá o destino desejado sem depender de carona e sem levar lembranças desagradáveis do encontro.

Caso a pessoa preencha suas expectativas ou se você se interessou por ela, você deve usar as técnicas de abordagem direta descritas anteriormente. Afinal, você conseguiu fazer contato com uma pessoa, manteve um diálogo por determinado período de tempo, marcou um encontro, compareceu acompanhado e está frente a frente com a paquerada. Então todas as etapas de paquera indireta foram um sucesso e agora você deve continuar com a paquera direta.

5.5 — Por Presentes Enviados

Antigamente, homens considerados educados, bons partidos, galanteadores enviavam presentes às paqueradas com o intuito de ganhar-lhes a confiança e, mais tarde, utilizavam-se desta influência para induzi-las a trilhar o caminho do flerte.

As épocas mudaram, mas muitos homens parecem parados no tempo. A paquera hoje é mais dinâmica; não é mais somente os homens que tomam as iniciativas; não é necessário ir várias vezes à casa de alguém e em todas elas levar algo para que o respeitem e tenham interesse por sua pessoa.

Porém, as mulheres acham ótimo que muitos homens ainda se sintam amantes à moda antiga. Recebem elogios e presentes deles mas, na grande maioria dos casos, ficam interessadas em outra pessoa que nunca tomou tais atitudes.

É verdade que devemos presentear as pessoas que nos são caras, que realmente fazem parte de nosso círculo pessoal, que compartilham conosco suas alegrias e tristezas. Mas isso quer dizer que há hora para presentear alguém e deve também haver motivo justo para isso. Sair dessa regra de bom senso é cair no ridículo.

Quando uma mulher recebe um presente ela fica eufórica, contente, e sua mente viaja em busca de quem poderá ser o autor de tal surpresa. Se esta pessoa é de seu círculo pessoal e existe uma data comemorativa justa, tipo aniversário, Natal, páscoa, etc., o sentimento é de que entre vocês existe um carinho fraterno muito grande. Porém, se o presente for de um desconhecido, mesmo existindo essa data justificativa ela o verá com olhos de desconfiança. "Afinal, que interesse tem essa pessoa para me dar este presente?"

Se o presente provém de pessoa desconhecida e não existe data especial que justifique isto, a situação é crítica. Vamos analisar: ao receber o presente, a garota o vasculha em busca do cartão. Neste segundo, ela primeiro se lembra das pessoas de quem gostaria de ter recebido o referido presente, e ao conferir o cartão verifica que é de um desconhecido. Surge aí um sentimento de decepção. "Afinal, não era de tal pessoa... bem, já que não é do príncipe encantado, vamos ver qual sapo me mandou."

Ela diminuirá a importância que você esperava que seu presente tivesse. E mais ainda perceberá que você está interessado, e você perde a chance de conquistá-la pouco a pouco, com o fingir não querer, mas querendo, entrando no jogo de sedução.

Fatalmente, na grande maioria dos casos, ao saber de seu interesse você será pisado, desprezado, e ela vai arrumar desculpas para nunca poder encontrá-lo e em muitos encontros mancará. Estamos sendo drásticos, mas é para gravar bem uma lição muito importante. A situação pode não ser tão ruim assim, mas certamente não será uma maravilha a ponto de ela se render a um presente. Lembre-se: *Não se compra uma mulher.*

Você deu um tiro errado e espantou a caça. Uma vez que a ave alça vôo, é necessário esperá-la pousar, refazer suas energias e ficar mansa de novo para que você possa tentar outro ataque. Isso leva tempo.

No caso das mulheres, elas têm grande memória e sempre se lembrarão de que você esteve interessado. Por isso tenha cuidado para não espantar sua pretendida. Estude bem as lições, e cada presente deve ser colocado no tempo preciso. Relembre o princípio do tempo certo. Ele cai bem em quase todas as situações.

Dentre os presentes mais comuns, fizemos uma relação e estudamos algumas de suas características.

5.5.1 — Flores

Nunca, jamais, em hipótese alguma envie à sua paquerada flores de ambulantes que entram nos estabelecimentos e oferecem aos homens para que eles as comprem à sua escolhida.

Deixamos este ponto muito claro para que você não cometa a gafe de querer ser o galanteador de histórias em quadrinhos ou passar-se por cavalheiro andante imitando um príncipe encantado.

Flores são para momentos especiais, para representar sentimentos profundos, respeito, amor... e não a atração que você acaba de sentir por uma dada mulher em local pouco inspirador. Já cansamos de ouvir grande quantidade de mulheres dizerem que flor recebida em bares e boates é troféu de "puta".

Os tradicionais buquês encomendados nas floriculturas e entregues nas residências, locais de trabalho, escolas e vários outros lugares devem seguir sempre o princípio do tempo certo e do bom senso. Será que é momento adequado para enviar estas flores? Será que o local de entrega é bom? O que ela vai fazer com ele? Como vai levá-lo para casa?

Estas e outras perguntas devem povoar sua mente, e se as respostas não forem boas, não envie as flores. Seu próprio senso deve analisar a situação e observar se o presente causa alegria ou é um incômodo.

Vamos exemplificar: receber flores em volume grande, fora de sua residência, é problemático, porque como ela vai transportar isso até sua casa? E se for no seu local de trabalho os chefes podem não ver

Abordagens Indiretas

a situação com bons olhos. Por mais que digam que não tem nada a ver, somente Deus e os próprios chefes sabem o que está passando em suas cabeças. Você não vai querer complicações para sua paquerada, vai? Como será que ela lembrará de você depois disso?

Então, certifique-se de que o local de entrega é bom e evite ao máximo querer provocar situações públicas de exposição deste presente. Não o envie a escolas e locais onde há muitas pessoas, porque ela pode ficar constrangida e isso refletir de modo negativo para você. Ela começará a ter medo de suas atitudes imprevistas.

Nunca tente fazer uma flor conquistar uma mulher que você já tentou e não conseguiu. Isso ocorre quando, na frente de muitas pessoas, se envia flores com proposta de namoro, noivado ou casamento e espera-se uma resposta positiva por parte dela. Certamente ela negará; algumas de modo educado e discreto, com saídas cultas, dignas de um Oscar, porém outras não se importarão muito com a etiqueta e você será ridicularizado.

Amor, respeito, lembrança são sensações que tradicionalmente são expressadas por flores específicas. Rosas vermelhas há muito tempo representam o calor provocado por um amor intenso, um fogo que arde, e como Camões tão bem colocou: "arde sem se ver".

Escolha uma boa floricultura para encomendar seu presente e certifique-se de que a entrega será feita no tempo e local corretos. Passar das datas significa relaxo da pessoa interessada.

Uma boa dica referente a datas é descobrir o aniversário de sua paquerada. Aí sim você pode enviar flores que combinem com sua personalidade e seus gosto.

Você deve mandar também um cartão simples, sem nada comprometedor, sem dar a entender diretamente seu interesse, apenas lembrando a data. Assine somente seu nome no cartão, não coloque títulos profissionais nem o deixe sem identificação. Mais nada.

A paquera será conduzida segundo o princípio do tempo certo em outra oportunidade e local. O papel das flores é de apenas fazê-la lembrar-se de você. Flores não conquistam uma mulher por si só; é preciso que você trabalhe muito neste sentido. Elas auxiliam em uma etapa da conquista.

Depois que você conquistou uma mulher e já divide com ela etapas da sua vida, já tem relacionamento certo, duradouro e estável, então as flores devem ser utilizadas com razoável freqüência, cultivando momentos especiais, para manter a chama da atração ace-

82   *Como Conseguir uma Namorada e Envolver Pessoas*

sa. Porém tenha em mente que elas sozinhas também não fazem isso; é um tempero para uma relação, e são as atitudes do dia-a-dia as responsáveis pelo sentimento que a sua pretendida terá por você. Flores representam sentimento puro, sublimado na essência do ser que as envia e absorvido pelo que as recepciona. A natureza relegou às flores papel muito maior que simplesmente enfeitar; é atrativo para o instinto reprodutor, desperta a vida latente.

A mulher vê nas flores um presente especial, que representa interesse profundo quando não provêm de pessoas de seu círculo de amizades. Ela sabe que existe algum interesse, e aquele que as enviou quer exatamente demonstrar isso. Então, faça-o quando vale a pena lutar pela relação.

5.5.2 — Bichinhos de Pelúcia

Normalmente, as mulheres gostam muito de bichinhos de pelúcia. Eles são fofinhos, macios, bonitos e ajudam na decoração do quarto.

É comum os observarmos fazendo parte integrante do visual até da sala de muitas casas onde moram meninas, moças e até mulheres adultas.

Hoje em dia, existe uma variedade muito grande de modelos, cor, textura de pêlos e até mesmo alguns que tocam música.

Presentear uma mulher com tal objeto é uma boa saída quando não sabemos o que comprar para aquelas pessoas que achamos já possuírem de tudo. Eles são sempre bem recebidos, mas você deve preocupar-se com a repetição. Afinal, receber bichinhos no Natal, no aniversário e em quaisquer outras datas comemorativas fica constrangedor.

Um bichinho pequeno demais é muito comum, e as amigas dela não repararão, e o grande demais ocupará muito espaço em seu quarto. Saiba que as amigas freqüentam o quarto umas das outras e comentam entre si tudo o que ocorre. Então prefira os de médio porte aos excessivamente grandes ou pequenos. Já conhecemos inúmeras meninas e mulheres que enfeitam suas residências à semelhança daquilo que os homens fazem com troféus esportivos. Mas como elas são muito mais sentimentais que os homens, dão valor muito maior ao objeto que simplesmente representa uma conquista.

Mas como qualquer presente, os bichinhos de pelúcia também se encaixam nas normas gerais de como e quando presentear, comentadas na introdução de *Presentes enviados*. Perceba que presentear fora das situações comentadas representa entregar o ouro ao bandido, demonstrando toda a sua intenção e perdendo a chance do romantismo que o flerte deve ter antes de prosseguir nas etapas da paquera. Quem pula a fase do flerte já demonstrando real interesse pela paquerada geralmente assusta e perde essa pessoa.

5.5.3 — Roupas

Quando optamos por presentear com roupas, fizemos uma boa escolha se conhecemos os gostos pessoais da paquerada. Compramos roupas como presente para a outra pessoa usar, não nós. Por isso, na hora da compra, siga as preferências dela, não as suas.

Roupas são bens relativamente duráveis, e todas as vezes que a pessoa for usá-las irá lembrar-se de você. Por isso, prefira roupas que possam ser utilizadas com grande freqüência, mas que não sejam muito comuns ou do dia-a-dia. Caso você compre roupas muito sofisticadas, que só possam ser vestidas em ocasiões especiais, ela irá lembrar-se de você ocasionalmente.

Assim, você deve optar por seguir o meio-termo. Lembre-se de que o objetivo de um presente é fazer a pessoa lembrar-se de você. Agora se você a presentear com roupas vulgares ou muito simples, isso contará pontos negativos a seu favor.

Muitos perguntam: "se estou com uma pessoa e ela escolhe a roupa que gostou, como fazer para comprar outra de diferente preço ou qualidade?". Isso é simples. Cada situação tem suas peculiaridades, mas você deve conduzi-las a seu favor. Quando alguém vai às compras, por mais autoconfiança que tenha, sempre leva em consideração um ou outro palpite. Se essa pessoa procura algo caro e especial, deixe que ela compre e pague. Se ela ficar dando indiretas dizendo que gostou e que irá voltar para comprar na intenção de que você compre, significa pessoa interesseira, e você deve avaliar se ela realmente é a pessoa certa com quem tanto você sonhou. Saia da situação dizendo que voltará nesse outro dia com ela para comprar. E depois, se convir a sua preferência, volte ou não.

Se ela escolheu algo muito simples para o seu dia-a-dia, deixe que ela pague, e você, caso tenha condições, pode escolher algo

84 *Como Conseguir uma Namorada e Envolver Pessoas*

um pouco melhor e pedir a opinião dela a respeito: "olha, acho que este modelo fica muito bem em você... experimente-o". Você perceberá facilmente se ela gostou ou não. Em caso afirmativo, compre para ela. Mas uma peça só ou, se for conjunto, um só. Não caia no ridículo de querer presentear a pessoa com grande quantidade de roupas, porque ela pode ficar constrangida e acontecer tudo do já comentado.

5.5.3.1 — Que ela viu e gostou

Muitas vezes vamos ao comércio para passear. Pessoas do mundo todo, em todas as épocas da civilização, têm a atenção atraída para objetos colocados à disposição, para aquisição de quem possuir, meios de troca. Antigamente era o escambo, depois os mercadores tornaram-se centros de atenção e nos dias atuais os shoppings são verdadeiras tentações ao consumo. Mas, reservado o poder aquisitivo de cada um, temos aí, nas lindas vitrines, uma rica opção de passeios, lazer e paqueras.

Situações existem em que estaremos nestes locais acompanhados da paquerada, ou observando-a, já planejando uma técnica de abordagem.

Podemos estar aí no início do flerte, nas etapas iniciais da paquera, observando a paquerada sem nenhum contato ainda. É a modalidade de paquera no comércio. Nestes casos, mesmo que você a observe provando roupas, ou percebendo que ela gostou de um dado modelo em uma vitrine, você não deve comprá-lo para presenteá-la. Lembre-se do princípio do tempo certo, e ainda não é hora para comprar nada a ela. Não é presenteando-a com uma roupa que você irá aproximar-se e iniciar uma conversa. Você pode até usar a roupa como pretexto, mas sem comprá-la para ela, como começar a ver modelos perto dela e puxar conversa sobre a qualidade e beleza das peças. É uma forma de fazer contato sem demonstrar interesse e ir quebrando o gelo, desenvolvendo um papo informal e agradável. Trilhe por este caminho e colha informações sobre onde ela trabalha, que lugares freqüenta, e, se o momento permitir, até seu telefone. Mais nada.

Se já fizemos a etapa inicial, a conhecemos em outro local, outro dia, e estamos aí acompanhados dela, é bom sinal. A paquera desenvolve-se bem. Mas nem por isso você vai sair gastando e com-

Abordagens Indiretas 85

prando tudo o que ela gosta. Não é assim que se conquista uma mulher. Vamos repetir que tudo tem hora e tempo certos. Nas fases iniciais de uma paquera, muitos ficam tentados a agradar a paquerada, e uma das formas que encontram para fazer isso é presenteando-a. Geralmente dá errado. Quem recebe um presente tem dois caminhos: ou o ignora e não dá o valor que você queria que tivesse, e aí é melhor que não o tivesse dado, ou o recebe e se acha na obrigação de retribuir. Esta é a modalidade mais delicada, porque não sabemos se a pessoa encontra-se em situação financeira de retribuir o presente adequadamente. Este aperto que ela passará fará com que ela fuja de você, de medo de que a coloque novamente nesta situação.

Se você já está em uma fase mais desenvolvida da relação e já está com a pessoa querida, então já tem certa intimidade e conhece sua situação, seus gostos e suas preferências. Você saberá o que ela está precisando e quais as datas importantes de sua vida, para presenteá-la no momento certo. Portanto, nesta situação, pode-se eventualmente comprar algo que ela tenha observado, uma roupa que ela viu e gostou, porque isso será um tempero para a relação, demonstrando carinho, não o interesse de comprar a pessoa para tê-la.

Fora disso, lembre-se sempre do princípio do tempo certo e das datas justificativas de um presente, já comentadas.

5.5.3.2 — Que você trouxe de viagem

Quando vamos viajar, lembramos das pessoas que nos são caras, e para que esta pessoa sempre se recorde de onde estivemos compramos lembrancinhas e outros badulaques. Na maiorias das vezes, são enfeites sem utilidades práticas, que dificilmente acabarão combinando com a decoração da casa da pessoa.

Em locais turísticos vendem-se roupas típicas que, embora lindas, muitas vezes não atendem ao gosto da pessoa presenteada. Por isso, devemos ter em mente as preferências de quem vai receber o presente para evitar constrangimento. Se a pessoa está viajando junto com você, fica mais fácil, porque ela mesma pode escolher o seu presente. É muito gostoso ir juntos às compras quando se tem liberdade para combinar o quanto podem gastar, mas apertar-se para impressionar não é uma boa política.

5.5.4 — Sapatos, Bolsas e Outros Acessórios

Estamos diante de opções de presentes com garantia de sucesso. São itens obrigatórios em todas as combinações feitas pelas mulheres. Elas variam os modelos de bolsas, cintos e sapatos até várias vezes num só dia.

O guarda-roupa das mulheres vaidosas pode ganhar do da de mulheres simples em qualidade, mas, respeitado o poder aquisitivo de cada um, ambos são semelhantes em quantidade. É claro que sabemos que uma mulher abastada tem quantidade muito maior de modelos e variedades de sapatos, cintos, bolsas e outros acessórios, mas certamente uma mulher simples vai saber juntar suas economias e investi-las nestes itens considerados muito importantes pelas mulheres.

Presenteá-las com tais objetos significa aumentar sua capacidade de arrumar-se, podendo deixá-las mais competitivas no mercado das paqueras. Elas consideram esse aumento de arsenal uma rica ajuda. Vêem com bons olhos quando percebem que os presentes preenchem os requisitos de qualidade, beleza e moda.

Assim, perceba que se você não estiver atualizado quanto à observância destes itens, fatalmente seu presente não será bem visto, não causando o impacto desejado.

Nunca, sob pena de arruinar tudo o que você já fez de produtivo em relação à paquera, tente enganar uma mulher presenteando-a com um desses itens fora das qualidades descritas.

As mulheres fazem compras desde a infância; são muito treinadas em verificar qualidade e modelos e sabem fazer instantaneamente a análise de um produto. Aliado a tudo isso, conhecem o mercado, que para elas é até fonte de lazer, e estão quase sempre atualizadas sobre o que existe para se comprar. Sabem onde tem o produto, se está caro ou barato e as vantagens de cada modelo.

Elas passam horas andando por um setor comercial sem comprar nada, entram nas lojas sem cansar, mas perguntam sobre tudo. E nós, homens, não agüentamos acompanhá-las nesta jornada. Então são elas que conhecem as mercadorias.

Sapatos representam um encanto a mais. Eles podem deixar uma mulher mais elegante, descontraída, sedutora. São responsáveis por esconder os pezinhos em uma ocasião e expô-los em outra. Elas sabem que isso mexe com a cabeça dos homens. Um salto alto ou uma sandália podem até mudar o impacto causado pelo visual, aparentando até outra personalidade.

Em resumo: elas adoram receber tais presentes, que são duradouros; portanto, elas terão tempo para lembrar de você até que a moda mude e condene seu presente ao fundo do armário. Quando estiver em dúvida sobre o que presentear, faça uso destes tipos.

5.5.5 — Doces e Chocolates

Muitas pessoas têm o péssimo hábito de presentear alguém com doces e chocolates. Não é só para a mulher que se está paquerando que este presente apresenta pontos negativos. Quando utilizado para pessoas idosas ou casadas, também.

Vamos analisar. Primeiro, tenha em mente que o objetivo de um presente é fazer a pessoa lembrar de você por razoável período de tempo.

Qualquer coisa comestível é bem consumível e, portanto, não durável. Se for guardada, deteriora; se for comida, você desapareceu com o objeto ou parte dele, ingerindo-o. Dessa forma, se o objeto não se faz mais presente, como é que a pessoa vai recordar-se de você? Ela pode lembrar-se por outros estímulos que não este, então o presente não cumpriu sua finalidade.

O segundo motivo é que as mulheres adoram receber tais presentes, mas é alegria momentânea, de impacto, porque no decorrer do tempo elas refletem sobre seu conteúdo da seguinte maneira: "é bom, mas engorda, dá espinhas, não tem o sabor que eu gosto e justamente este aqui tem recheios que eu detesto".

O terceiro motivo é que ela pode até comer e gostar, mas vai esquecer quando ele acabar ou brigar com alguém da família que comeu algum pedaço escondido.

Ainda podemos incluir que você não conhece a dieta a que ela ou a pessoa que vai receber o presente está habituada.

É muito comum as mulheres fazerem regimes rígidos para ficarem sempre bonitas. E com o passar da idade esta tendência de engordar aumenta muito, caso ela tenha essa predisposição.

Pessoas idosas têm o mesmo problema de alimentação controlada que a citada para as mulheres em regime. E, às vezes, é até mais severo o controle. Então, como não podem comer, ficam repassando seu presente para visitas, sobrinhos, netos, amigos e freqüentadores de suas residências. Quando vão oferecer seu presente a tais pessoas, estão tão entretidas com essa companhia que você será a última pessoa de quem se lembrarão. Eventualmente alguém pode perguntar de onde veio tal guloseima, mas a resposta só Deus e a pessoa é que saberão. Então novamente o presente não cumpriu seu objetivo.

As mulheres exibem esses presentes às amigas como troféus, como símbolos de que são cobiçadas e de que tal pessoa está a fim. Quem nunca viu uma mãe ou amiga de alguma gata dizer: "fulana recebeu este chocolate de fulano...", ou ainda a própria moça exibir-se: "ganhei hoje bombons de alguém...". Repare que ela muitas vezes nem fala de quem ganhou, mas refere-se somente ao fato de ganhar o presente. De novo o objetivo do mimo não foi satisfeito.

Porém, se mesmo sabendo de tais comentários você se dispuser a fazer uso de tais objetos para presentear alguém, faça-o nas datas corretas, jamais se esquecendo do princípio do tempo certo.

Descubra se a sua paquerada faz regime ou não e a preferência dela por algum sabor de guloseima em especial. Faça suas compras em locais idôneos, para evitar produtos velhos ou vencidos. Já imaginou se isso fizer mal a ela? Como será que ela vai se lembrar de sua pessoa?

5.5.6 — Jóias

Muitas pessoas ainda vêem nas jóias muito mais que seu valor patrimonial. Ainda existem pessoas de bom gosto e refinamento para entender o quanto uma jóia pode fazer bem ao ego feminino.

São jóias. Reluzentes e bonitas. Mas são caras. Não é qualquer pessoa que pode comprar ou adquirir tal produto, sem que isso faça falta no seu orçamento ou entre em suas economias realizadas ao longo de tanto tempo.

Tal objeto deve ser autêntico, e isso tem preço. As imitações baratas de jóias têm efeito negativo quando identificada a fraude. A boa impressão causada inicialmente é transformada em decepção, muitas vezes maior que a alegria.

Portanto, se você não pode dar algo que realmente seja bom, não se utilize deste tipo de presente.

Ainda há que saber manter o nível do presente dado em alguma ocasião. Se você der algo de valor "x" em determinada data, na outra, a seguir, deve-se manter o padrão do presente anterior.

Abordagens Indiretas 89

Se é algo sério que você pretende, não existe presente melhor que uma aliança de compromisso ou de noivado. Mas para isso é preciso ter certeza do que quer e do sentimento dela por você. É necessário que sua relação com ela esteja muito bem para chegar a este ponto.

Não faça surpresas públicas, como oferecer um anel lindo na frente de muitas pessoas e dizer: "quer ser minha noiva?". Não compensa correr o risco de cair no ridículo com uma resposta negativa. O presente não faz milagres.

Jóias têm modelos que seguem a moda. Comprar algo fora de estilo ou que não combine com nada que a pessoa tenha pode ser um problema. Isso fará com que ela use pouco o presente e assim também pouco se lembrará de você.

Jóia é presente para ser utilizado quando se tem algum relacionamento duradouro com a pessoa. Não deve ser usado na fase da conquista ou do flerte. Lembre-se: não se compra uma mulher, já dissemos e vamos repetir isso inúmeras vezes.

É verdade que existem muitas pessoas interesseiras no mundo, mas quando se consegue alguém que tenha sentimento puro por sua pessoa, a recompensa é gratificante e muito grande.

5.5.7 — Aparelhos Eletrônicos

O mundo moderno faz as pessoas sucumbirem diante de tanta novidade. Quantas maravilhas tecnológicas há a nossa disposição!

Sentimo-nos tentados pelas luzes, pelos sons, pelas cores e pelo que esses aparelhos são capazes de fazer. A mídia e a propaganda criaram em nossas mentes necessidades que vão além das que realmente temos.

Sucumbimos à ciência do marketing, e pessoas menos preparadas podem até realmente sentir falta de algo que, na verdade, não é vital à sua sobrevivência.

As indústrias capitalistas gastam milhões para conseguir este efeito. E as vítimas somos nós.

Dentre os produtos que realmente nos chamam a atenção estão os aparelhos eletrônicos. Muitos são realmente bons e proporcionam muito conforto pelo que podem fazer, facilitando nossas vidas. Mas outros, embora não tão necessários, gostamos de ter pelo sim-

90   *Como Conseguir uma Namorada e Envolver Pessoas*

ples prazer que nos proporcionam. Alguns já são até necessários, como a televisão ou o telefone.

Presentear alguém com estes objetos causa boas impressões, porque são bens duráveis, e dessa forma a pessoa vai ter como recordar-se de você, e o prazer proporcionado por seu uso geralmente será associado também a você, ainda que de modo inconsciente.

Porém existe o inconveniente do tamanho. Muitos tipos são grandes e não podem ser entregues em qualquer lugar. Afinal, como transportá-los até a residência da paquerada?

Existe ainda o fator preço. Geralmente esses produtos são caros à maioria das pessoas. Se seu poder aquisitivo não for suficiente, prefira outro tipo de presente. Aqui também entra o fator qualidade. Não dê produtos contrabandeados, que não oferecem garantia e assistência técnica. Já pensou se ele vem com defeito de fábrica e quando sua paquerada for ligá-lo não funciona? Se tiver assistência técnica, você ainda tem chance de contornar o mal-entendido.

Aparelho eletrônico é presente que deve ser dado quando se tem um relacionamento com a paquerada. Mas, se seu poder aquisitivo for bom, você pode se atrever um pouco mais e ofertar alguns tipos de aparelhos nas fases iniciais da paquera, caso sua sensibilidade indique isso. Neste caso, prefira sempre os de tamanho pequeno, fáceis de transportar, e que você mesmo possa entregar à paquerada em qualquer local, como celulares, CD-player e coisas similares.

Novamente tenha em mente o princípio do tempo certo e não oferte presentes fora de hora. Já dissemos sobre o risco de perder o romantismo do flerte e a paquerada.

5.6 — Paquera Indireta por Cartas e Mensagens

Uma modalidade de paquera indireta muito utilizada no passado foi a realizada por meio de cartas. Porém, o romantismo de outrora foi substituído pelo dinamismo do presente. A velocidade que as trocas de informações adquiriram fizeram as pessoas exigir que as coisas aconteçam em menos tempo. O mesmo ocorreu com a fase do flerte e com as paqueras propriamente ditas.

Abordagens Indiretas 91

Quem quiser voltar a essas épocas e fazer uso de tal instrumento de paquera indireta deve seguir estes conselhos: consiga o endereço correto da paquerada, seu nome e torça para a carta não extraviar. Como você percebeu, existem dificuldades em toda a utilização desta modalidade. Primeiro é conseguir o endereço de sua paquerada. Parece fácil, mas se ela tem como se locomover rápido, com carro próprio ou de amigos, surgirá entraves.

Não convém bancar o detetive e ficar seguindo a moça, por ser perigoso e até causar medo nela. Caso ela desconfie de estar sendo seguida, poderá tomar atitudes que você nem sonha e você acabará se complicando.

Se você pedir o endereço para alguém, como vai saber que é o correto? Um simples número trocado coloca tudo a perder.

Esse método funciona se a moça já o conhece de algum local; ela achará legal receber uma carta, a lerá muitas vezes, analisará sua grafia, suas colocações e a mostrará a várias pessoas que a cercam, e cada uma delas dará seu palpite.

Já o conhecendo, ela diminuirá a importância de comentários negativos a seu respeito, e até lhe dará a chance de conversar em outra oportunidade. Mas se os comentários provêm de alguém cuja pessoa ela estime muito ou se ela já não tem muita consideração por sua pessoa, então você pode ter certeza de que nada passará das risadas que ela dará com essas pessoas próximas.

O objetivo de uma paquera indireta é marcar um encontro com a paquerada, em que, de modo direto, você possa desenvolver o flerte e pela sensação causada iniciar um relacionamento.

Dificilmente uma mulher aceitará um encontro com alguém que estabeleceu ou manteve contato somente por cartas. Falta a ela a segurança de conhecer sua personalidade. As letras não podem oferecer isso.

Aliado a uma correspondência enviada, você deve fazer uso de um telefonema, se preferir uma paquera indireta, ou dar um jeito de provocar um encontro direto com ela. Isso se você quiser realmente algo frutífero.

Oferecer mensagens para a paquerada pode ter efeito contrário ao desejado. Geralmente, quando ela recebe a mensagem, está acompanhada de pessoas que ficarão observando a reação dela.

Qualquer pessoa quando é observada tende a reagir de modo a preservar-se. Somente pessoas acostumadas à exposição pública é que ficam à vontade em tais situações.

É muito comum oferecer músicas em rádios, em festividades e mensagens fonadas por empresas especializadas. Nestas existe certa privacidade da pessoa que recebe a mensagem, mas ela pode estar em locais cujo barulho do ambiente ou falha na recepção prejudiquem a sua compreensão. Ou, ainda, como estas empresas vendem mensagens já previamente gravadas, de que modo você saberá que ela nunca ouviu isso antes? É chato usar coisas muito comuns e sem criatividade. Mais chato ainda é mandar algo que você julga ser o máximo, e a pessoa saber ou achar ser uma droga.

De qualquer forma, onde está a razão da paquera indireta? Como você vai marcar um encontro com a moça agindo desta forma? Como ela vai poder lhe responder?

Então, se desejar, trilhe por este caminho, porém nós não o indicamos.

Capítulo VI

Paqueras em Bares

6.1 — Como Passar em Frente ao Bar

Para paquerar em um bar, a coisa inicial a ser feita é passar em frente a ele e analisar se o local é freqüentado por pessoas que lhe interessam. Pode-se dispensar esta fase inicial quando o local é conhecido e já se sabe que tipo de pessoas encontrar, ou quando o local é fechado e não permite esta observação.

Realiza-se esta observação passando em frente ao bar a pé, de carro ou de moto. Analisaremos cada modalidade separadamente.

Utilize-se da modalidade de dirigir-se a pé a um bar quando seu carro é feio e, como já ensinamos, não compensa mostrá-lo em público, ou se você não dispuser de um veículo para levá-lo até o local. Caso você possua um amigo que tenha carro, você passará com ele em frente ao bar, não se incluindo nesta modalidade.

A pé não convém passar em frente, e sim caminhar até o local calmamente, observando as pessoas que estão por ali. Pare na entrada e dê uma ampla olhada pelo lugar, procurando localizar uma provável paquera, de acordo com seus gostos e preferências pessoais.

Se você estiver sozinho, esta etapa é mais curta e logo se deve decidir a entrar no local ou ir embora. Porém, se você está com um amigo, pode demorar um pouco mais na observação, e os dois devem trocar informações sobre as sensações que tiveram. Em dupla é mais fácil a paquera, e as pessoas sentem-se mais à vontade.

Passar de carro em frente a um bar pode ser determinante para o desenrolar de sua paquera. O modo como você passa, as condições de seu carro, a marca, o modelo, etc., serão todos analisados pelas freqüentadoras do local, quando ele é aberto e permite a visão delas sobre você, como bares com varandas, mesas sobre as calçadas ou com

94 *Como Conseguir uma Namorada e Envolver Pessoas*

vidros amplos em paredes ou vitrôs. As mulheres são grandes observadoras e em questão de segundos já trocam as informações sobre o que viram com as amigas, quando têm algo positivo a ser comentado.

Nunca passe em frente a um bar tocando música em alto volume, porque as pessoas podem ter inveja de seu som e fazer comentários negativos sobre sua pessoa gratuitamente, ou ainda você é que perderá a chance de ouvir prováveis comentários ou alguém o chamando.

Também não corra nem dê aceleradas fortes, porque tudo o que se faz para demonstrar ser melhor que os outros tem retorno negativo. Você não será melhor que qualquer outra pessoa porque seu motor é mais potente. Deixe que as pessoas observem e façam a propaganda de seu marketing pessoal. Elas saberão das qualidades de seu carro e destacarão as suas se você não for exibido.

Não deixe o farol aceso quando passar em frente a um bar ou for paquerar alguém, porque a pessoa não o verá e não há como sentir-se interessada pelo que não se vê. Lembre-se de que os humanos são seres cujo sentido mais desenvolvido é a visão. Uma mercadoria que não é vista não será vendida. É a lei básica de mercado e já falamos sobre isso. Utilize-se, então, das lanterninhas caso seja noite, e se for durante o dia, mantenha apagados seus faróis. Jamais ligue faróis de milha e apague os principais, como forma de mostrar os acessórios que seu carro possui. É erro grave, que fere a lei citada.

Passe por duas ou três vezes em frente ao bar para decidir se fica naquele recinto ou se vai embora. Aproveite estas voltas pelo quarteirão e tente localizar em que lugar você irá estacionar seu veículo. Passar mais que três vezes no local pode comprometer seu desempenho na abordagem, porque as mulheres preferem paqueras mais sutis.

Ao passar, vá analisando o ambiente e preste atenção nas mulheres que rápida e discretamente olharão para você. Elas fazem isso de modo sutil, e o homem menos preparado quanto a estes detalhes não os perceberá. Por isso, busque sentir o ambiente com todos os seus sentidos aguçados. Um simples cruzar de olhos pode significar uma possibilidade, que tem de ser verificada com mais carinho. Já conhecendo o *modus operandi* das mulheres, vá com a atenção voltada a estes aspectos.

Nesta fase inicial, você deve procurar perceber se existe mulheres do nível que você procura, dando uma tênue "bola", e não uma, em especial, que será objeto de sua atenção no prosseguir da paquera. Onde há várias mulheres do padrão que você busca há grande chance de ter uma que lhe agrade e seja sua escolhida. Desconsidere isso caso já exista na sua vida uma paquerada em especial, e você sabe que ela está lá dentro.

Sentindo que o ambiente é frutífero e que existe a possibilidade de uma paquera desenrolar bem, é chegada a hora de estacionar o carro e ir ao bar. Cuidado com o local onde vai estacionar. Prefira estacionamentos comerciais aos flanelinhas que vigiam carros por alguns trocados. Se possível, que seja perto do local em que você vai passar alguns instantes produtivos.

6.2 — Como Entrar Observando as Pessoas

Estacionado seu carro, moto ou até mesmo a pé, você deve dirigir-se ao bar e entrar caminhando seguramente, com a postura correta, de modo firme, e entrar no recinto observando também a posição que se encontram as possíveis paqueradas.

Vagarosamente vasculhe o ambiente em busca de uma mesa estrategicamente colocada, de modo a permitir ampla visão sobre o local e que seja próxima o suficiente da mesa em que estejam algumas das garotas que satisfaçam sua preferência.

Esta fase de entrar no bar estudando o ambiente é muito importante e deve ser treinada sempre, de modo a não cometer erros, tais como: escolher uma mesa que não possibilite uma boa paquera devido a sua posição ruim, mesa em que o fluxo de transeuntes é grande e que toda hora estes ficam incomodando ou uma mesa em que a visão pelo local seja prejudicada.

Se você escolheu um bar conhecido, então também já conhece os bons pontos estratégicos do referido local. Por isso, após voltar a esse local, suas chances de realizar uma boa escolha aumentam muito. Mas não faça isso de modo despercebido. Lembre-se de que paquera é jogo de estratégia, e dominar todas as suas facetas requer treino e tempo. Assim, todas as atitudes tomadas devem ser repassadas em casa para analisar onde você acertou e onde errou.

Treine de modo a conseguir perceber em segundos onde estão as mulheres de sua preferência. Siga estas dicas, que por serem exemplificativas e não taxativas devem ser ampliadas pela sua experiência pessoal.

Primeiro: lembre-se de que uma mulher sentada pode aparentar ser bela, com todas as características que você tanto gosta, mas que, ao levantar-se, pode decepcioná-lo. Por isso, entre no bar olhando rapidamente as que estão primeiro em pé, e as acompanhe com o olhar para saber onde vão sentar-se. Depois dessa rápida olhada nas que estão em pé, verifique as que estão sentadas.

Segundo: verifique se na mesa delas existem copos a mais que o número de ocupantes da mesa. Isso pode significar que outras pessoas estão com elas, mas que não se encontram ali no momento. Podem ser outras mulheres ou homens. É muito comum estas pessoas terem ido ao banheiro ou ao balcão.

Terceiro: você deve caminhar até o banheiro, porque assim atravessa todo o recinto, e na volta pode repassar os pontos já observados no ato de entrar. Não se demore lá; se o banheiro estiver cheio, pouco importa, porque não é este seu objetivo principal, é apenas um bom motivo para circular pelo local de modo despercebido. Muitas vezes é na volta que realmente se localiza uma paquera interessante.

Este ato de entrar no recinto, caminhar até o banheiro, ficar um instante lá e voltar pode até parecer inútil, mas é assim que você realiza as observações que lhe interessam e que permite às mulheres observarem seu andar, estudarem seu jeito, sua maneira de olhar as pessoas, sua postura, enfim, de fazerem uma observação geral de sua pessoa. Desta forma, você está dando a chance de elas o paquerar.

No retorno, você deve centrar sua atenção nas mulheres que de modo sutil o estão observando. Elas já o viram entrar e, se realizam rápidas cruzadas de olhar, é porque você despertou algum interesse.

6.3 — Como Escolher Mesa estrategicamente Colocada

Agora que já sabe onde estão as possíveis paqueradas, você precisa escolher o local em que se sentará. A mesa passa a ser seu quartel general, e é dali que você vai paquerar utilizando as técnicas já discutidas em capítulos próprios.

Não aceite as ofertas de mesas vazias se elas não satisfizerem suas necessidades. Os garçons são muito prestativos em querer acomodar o maior número possível de clientes em qualquer lugar. Para eles o que importa é que o cliente gaste muito e depois desocupe a mesa para outro se sentar e gastar também. Quanto mais rápido esse círculo se realiza, melhor para os garçons, que recebem por comissão e para o dono do estabelecimento. Porém não é bom para você. É preferível ficar em pé esperando vagar uma mesa bem localizada que pegar uma ruim na intenção de trocá-la depois. Geralmente isso não ocorre, e você fica perdendo tempo e gastando dinheiro à toa, sem nenhum retorno positivo. Lembre-se de que você foi até esse local para paquerar e não para gastar tempo e dinheiro sem paquerar ninguém.

Escolha uma mesa que o permita olhar diretamente para sua paquerada e que, se possível, seja do lado da mesa dela, possibilitando assim a abordagem que virá depois de você esgotar as etapas iniciais da paquera.

Se estiver acompanhado de mais um amigo, fique você em uma posição em que possa olhar para sua paquerada e que ela também o possa ver. Caso você esteja sozinho, o procedimento é o mesmo. Acompanhado de várias pessoas, escolha uma posição em que ela também o possa ver. Lembre-se de que mercadoria para ser vendida tem de ser mostrada.

Peça ao garçom o suficiente para satisfazê-lo e lembre-se de que você foi até ali para paquerar, e não para beber até perder a noção do ridículo. Homens que acham que uma bebida é mais importante que uma pessoa tendem a ficar sozinhos. Coma coisas leves e que esteja habituado a comer. Você não foi até ali para encher a barriga e arriscar a passar mal com coisas estranhas ao seu cardápio.

Coloque em cima da mesa objetos pequenos de seu uso pessoal, mas não deixe de dedicar atenção a eles. Podem-se colocar em cima das mesas celulares, carteiras, cigarro, chaves de veículos, etc. Coloque esses objetos desde que sejam de boa qualidade. Lembre-se de que se você observa as outras pessoas e elas também fazem o mesmo. Uma carteira velha e surrada é sempre notada pelas mulheres. Repasse o capítulo referente aos acessórios.

6.4 — Conversando com o Acompanhante

Converse com o acompanhante descontraidamente e lembre-se de que as mulheres gostam de homens alegres, sorridentes, cheios

98   *Como Conseguir uma Namorada e Envolver Pessoas*

de vida. Transmita a sensação de que você está de bem com a vida, e que aquele momento de descontração o auxilia a repor as energias de um dia de trabalho.

Mantenha o nível do assunto, porque as mulheres observam tudo o que os homens fazem. Não duvide de que algumas até sabem ler lábios. Jamais fale sobre dinheiro, negócios ou viagem que não fez. Caso tenha feito algumas viagens e queira comentar com o amigo, faça-o de modo discreto, sem contar vantagens ou mentiras. As vantagens contam pontos negativos a seu favor e é fácil perceber quando extrapola o limite da realidade. Apenas quem está mentido ou contando vantagens é que acha que está abafando. Já imaginou se você mente sobre algum local e ela conhece o lugar? Como fica sua paquera? O que será que ela vai pensar de você?

Jamais comente sobre futebol. Isso é o fim para as mulheres e certamente elas o acharão pouco criativo. Dentre assuntos proibidos, somam-se ao futebol falar de outras mulheres, para que elas ouçam, falar da família e sobre como seus relacionamentos se desenvolveram ou terminaram.

Tais assuntos podem até ser tratados com elas mesmas em ocasiões especiais, de modo discreto e na medida em que elas perguntarem. Porém, reserve-se ao direito de não contar tudo ou expor outras pessoas com suas revelações. Deixe uma aura de mistério em torno de si.

Fale sobre o quanto o ambiente lhe agrada e, discretamente, em voz baixa, discuta com o amigo sobre as possibilidades de paquera, escolhendo previamente qual cada um irá paquerar, sem que elas percebam isso. Juntos vocês podem escolher as técnicas de paquera e de abordagem, já discutidas nos capítulos anteriores. Analisem as possibilidades e dificuldades das técnicas escolhidas.

Conversem sobre qualquer coisa discreta, brinquem, sorriam, fiquem à vontade, usando do bom senso para não cair no ridículo.

6.5 — Iniciar Técnicas de Paquera

Primeiro utilize a técnica do "olho no olho", assim perceberá com facilidade se alguma mulher, ainda que discretamente, está paquerando você. Elas costumam fazer isso de modo sutil e poucas vezes, não repetindo o olhar, que pode demorar segundos.

Depois de duas ou três trocas de olhares confirmados, sorria para ela. Lembre-se de que o sorriso é técnica supletiva de todas as outras técnicas de paquera, e que sua utilização auxilia em muito o sucesso dela. Existem casos em que homens e mulheres têm verdadeira paixão pela anatomia do rosto, pelos dentes expostos e pela expressão em si que o sorriso proporciona. Por isso, dê seu melhor sorriso. Caso ela retribua este sorriso, ainda que de modo superficial, você certamente saberá se foi por educação ou por interesse em sua pessoa.

Se for positivo o contato e ela correspondeu ao sorriso, com o rosto indique algo, como oferecer discretamente a bebida, caretas discretas, do tipo "a cerveja está quente", ou faça movimentos com a cabeça de que não gostou, mas sorria indicando que não se importou com aquilo. Isso tudo para fazer contato com ela.

Diga a sua paquerada que ela está linda. Mesmo que esteja longe e saiba que a moça não pode ouvi-lo, tenha a certeza de que ela saberá o que disse se estiver olhando em sua direção. Facilmente ela lerá seus lábios.

Se você não foi correspondido nesta técnica, é porque não percebeu direito qual mulher estava olhando ou ela realmente não se interessou por você. Porém ainda há possibilidades.

Segundo, utilize outras técnicas para sanar a falta de sucesso no uso da técnica de olho no olho. Muitas mulheres só aderem ao ataque direto e gostam de ser abordadas por um homem ousado, atrevido e educado para satisfazerem seu ego de não dar o braço a torcer, como aquela que diz às amigas: "não puxo conversa nem inicio a paquera, sou muito mais eu mesma; todos os homens é que se aproximam de mim, nunca precisei correr atrás de homem...". Então, neste caso, você deve tomar a iniciativa e dirigir-se à mesa que ela está, puxar conversa e sentar-se, mantendo a conversa em nível agradável.

6.6 — Usar Técnicas de Abordagem Escolhidas

Depois de utilizar a técnica do "olho no olho" cumulada com a do sorriso, já se pode fazer a análise de qual o melhor tipo de abordagem para o caso.

Pode ocorrer que a técnica do "olho no olho" estabeleça um contato forte com a paquerada, e que ela o convide a ir até sua mesa.

100 Como Conseguir uma Namorada e Envolver Pessoas

Neste caso, não vacile. Vá até lá e apresente-se de modo discreto, sem agarrar a moça para beijinhos. A conversa deve pautar-se em tom discreto e alegre.

Porém, os casos em que a técnica do "olho no olho" não produz os resultados esperados, mesmo se utilizada com um sorriso carregado de energia, ainda têm solução. A situação dirá se é melhor utilizar uma das técnicas de abordagem indireta ensinadas no capítulo próprio. Discuta com seu amigo a possibilidade de ele ou alguém auxiliá-lo na utilização da abordagem indireta por terceira pessoa. Às vezes, alguma amiga da sua paquerada, que se encontra na mesa com ela, está mais acessível à paquera, e seu amigo pode ir até lá, preparando terreno para chamá-lo mais tarde.

Depois de excluída a possibilidade do uso da abordagem indireta, entra em cena a abordagem direta. Dentre as técnicas disponíveis, escolha a que sua sensibilidade ache mais adequada ao caso concreto vivido no momento.

Caso a sua mesa esteja lado a lado com a de sua paquerada, é fácil encontrar alguma brecha na conversa dela e interferir de modo ousado e descontraído. Se essa brecha não for possível, utilize alguma pergunta curta, que estimule resposta também curta para fazer contato com alguém da mesa dela. Exemplos de pergunta inicial são: "você não é a Laura da Unimed?", ou ainda "você não fez faculdade de Direito na USP?", e até mesmo seja criativo, ousado e brincalhão dizendo "foi você que saiu na TV hoje?". Porém, uma boa dica é dizer "você é muito bonita... linda mesmo... qual o seu nome?", continuando assim a conversa. Mas esta última abordagem só pode ser feita se ela é sua paquerada.

Nem sempre este contato inicial é diretamente com a sua paquerada, mas pode-se fazer uma ponte utilizando alguém como primeiro contato. Assim você estará fazendo uso da modalidade de puxar conversa com a pessoa da mesa do lado.

Também se pode ir até a mesa dela, apresentar-se e sentar-se. Este é um ataque direto, para ser utilizado com o propósito de conversa rápida visando conseguir o telefone da sua paquerada. Em outra oportunidade, você retoma a conversa de modo indireto e continua sua paquera.

É possível ainda utilizar-se da pouco conhecida e muito frutífera técnica de esperar na saída do banheiro feminino. Aguarde sua paquerada dirigir-se até o banheiro e caminhe de modo a inter-

Paqueras em Bares 101

ceptá-la no seu retorno. Pare à sua frente, diga que você a achou linda e que quer saber seu nome. Ela dirá e tentará sair, mas você deve fornecer dados seus rápidos, como seu nome e em que mesa está, e perguntar algo novamente, não deixando a conversa esfriar. Esta conversa geralmente é curta, porque ela tende a retornar à mesa; então peça o telefone dela e continue a paquera outro dia, pela modalidade indireta.

Se ela fornecer o número do telefone, pague sua conta e vá embora daquele local para não estragar tudo o que foi feito. Na saída do banheiro, ela está longe das amigas e mais suscetível a uma abordagem. Aproveite esta oportunidade sabendo que ela não se repetirá.

Capítulo VII

Paqueras em Boates

7.1 — Definição

Boates produzem paqueras muito rápidas e com grandes chances de conhecer numa só noite muitas mulheres. É local onde a aglomeração das pessoas favorece o contato corpo a corpo, estimula a sensualidade e verifica-se facilmente os contornos e gingados de cada um, porque se observa a pessoa em movimento.

Diferente dos bares, em que muitas pessoas percebem que você dedicou sua atenção a mais de uma pessoa, aqui você tem liberdade para atuar em várias paqueras ao mesmo tempo. Caso uma paquera não tenha sido bem-sucedida, você imediatamente pode passar à outra, sem perder tempo ou queimar-se perante uma paquerada que já lhe forneceu o número do telefone. Em outros locais, após conseguir o número de um telefone, é aconselhável ir embora, mas nas boates pode-se conseguir vários sem ter de se retirar.

7.2 — Comprar Ingresso ou Reservar Mesa

Dependendo do seu poder aquisitivo e da companhia que terá, é aconselhável que você opte pela aquisição de uma mesa a somente comprar o ingresso de entrada. Isso porque, estando dentro do local, você terá onde se acomodar, fazendo de sua mesa seu quartel general, de onde estudará o ambiente e recarregará suas energias para agüentar todo o tempo em que permanecer ali.

Ainda hoje muitas boates vendem as mesas com consumação, e isso significa que você poderá gastar com bebida e comida o valor

104   *Como Conseguir uma Namorada e Envolver Pessoas*

já pago na aquisição da mesa. É recomendável que você beba socialmente as bebidas alcoólicas e que não se esqueça de ingerir os refrigerantes, isotônicos (água de coco e energéticos) ou sucos intercalados, para hidratá-lo, sem deixar o bafo de beberrão. Coma algo de sua preferência para manter-se sempre ativo. Estômago vazio deixa a pessoa fraca, mole, sem energia, e os sentidos ficam desatentos, transmitindo a impressão de pouco vigor.

Se for sozinho, em um ambiente já conhecido você pode até adquirir uma mesa, mas recomenda-se comprar somente o bilhete. Isso porque seus gastos serão pequenos e você não ficará preso a um só local. Em ambientes desconhecidos, estando desacompanhado, deve-se comprar somente o bilhete, porque se o local não agradar o prejuízo será menor. Ainda é maior a sua mobilidade no local estando em pé. Quando acompanhado, enquanto um anda ou fica em ponto estratégico, alguém fica na mesa, tomando conta de suas coisas.

Nas boates deve-se ter mobilidade alta. Este é o ponto-chave que se deve analisar. É importante ter como andar pelo local sem o compromisso de vigiar objetos ou pagar contas. Se não tiver alguém que faça isso, compre somente o bilhete. Existem locais em que a conta é marcada em volantes próprios e paga-se na saída, possibilitando que a pessoa não fique presa à mesa por este motivo. Mas isso só é possível se você não colocar nenhum objeto pessoal sobre ela.

7.3 — Posicionamento dentro da Boate

Dentro da boate você tem muitas opções de onde se posicionar. Você pode ficar andando pelo local, trocando a todo instante de posição de acordo com suas preferências e se adquiriu uma mesa, utilizá-la ou ficar nas proximidades em pontos estrategicamente vantajosos.

7.3.1 — Próximo à Mesa

Caso tenha adquirido uma mesa, você pode ficar em pé, sempre próximo a ela ou sentado, consumindo as coisas que comprou.

Nos locais em que o fluxo de pessoas é grande, existem muitas possibilidades de encontros. Várias pessoas passam por onde está sua mesa, e você tem como paquerá-las e abordá-las. Neste caso, o fato de você estar em pé favorece as duas ações. Em pé também é melhor a visão do local e a abordagem é muito favorecida, devido à rapidez com que você se aproxima da paquerada.

Se você ficar sentado, a paquera desenvolve-se como nos bares, porém com dificuldade ainda maior, devido ao som-ambiente ser alto e o movimento de pessoas ser grande. A tática de abordar a pessoa da mesa ao lado funcionará aqui se você estiver sentado. Dificilmente alguém em pé terá chance com uma mulher sentada em ambiente onde o fluxo de pessoas atrapalha a abordagem.

Excepcionalmente se você conhecer pessoas neste local e sua paquerada estiver ao lado da mesa delas, dê um jeito de ir sentar-se com seus amigos e faça a utilização da técnica da mesa lado a lado.

Comumente quando se tem uma mesa deve-se utilizá-la para consumir coisas e descansar. A paquera em si é muito mais frutífera se você está em pé, próximo à mesa, ou em corredores formados pelos freqüentadores do local.

7.3.2 — Em Corredores Formados pelo Pessoal

Dentro das boates o fluxo de pessoas forma corredores por onde quase todos passam. Fique em pé em um destes corredores e verá passar na sua frente grande quantidade de pessoas, e dentre elas muitas mulheres que certamente preencherão suas expectativas.

É verdade que nem todas as mulheres do ambiente passam nestes corredores, mas em um ou outro momento acabam se deslocando por curiosidade, para ir ao banheiro ou para somente passear e sondar o lugar.

Portanto, em tais corredores têm-se a oportunidade de paquerar uma mulher interessante e grandes chances de abordá-la. Consideramos que nestes corredores é que a abordagem é mais favorecida, devido ao fato de o contato corpo a corpo ser intenso. Nestes locais, as pessoas passam umas esfregando-se nas outras, e quase todos ali têm a intenção de encontrar alguém, facilitando assim a abordagem de quem quer que seja.

7.4 — Técnicas de Paquera Possíveis

Neste local, a paquera tem suas fases iniciais realizadas de modo sutil e muito rápido. Praticamente se pula a fase do flerte. A alta

106   *Como Conseguir uma Namorada e Envolver Pessoas*

movimentação de todos e o ambiente em penumbra, aliado ao som alto, limita o raio de ação do paquerador a uma curta distância. Por isso, somente algumas das técnicas de paquera são possíveis de ser utilizadas neste local. Vamos comentá-las.

7.4.1 — Olho no Olho

O contato corpo a corpo estimula um ataque direto. Não há tempo para ficar paquerando de longe a pessoa, como durante a utilização da técnica do olho no olho. Em raras exceções, existem momentos cuja técnica pode ser utilizada como preparação a um ataque direto. Isso pode ocorrer se no local existir algum bar ou lugar reservado, em que as mesas e transeuntes ficam mais sossegados e com boa iluminação.

Então, como já ensinado anteriormente, fixa-se o olhar no fundo dos olhos da paquerada por alguns instantes, vasculhando seu interior e mostrando a ela que você existe. Por segundos ela corresponderá e desviará o olhar. Em outro local, volte a fazer nova tentativa e depois de no máximo três trocas de olhares deve-se abordá-la. Se você tentar isso por mais de três vezes, correrá o risco de ela fugir e não corresponder mais.

7.4.2 — Sorriso

É técnica supletiva que determina o sucesso ou a derrota a de uma abordagem. Deve ser utilizada com energia e vigor, sempre que possível.

Se a utilização da técnica de olho no olho não vier acompanhada de um sedutor e malicioso sorriso, tudo estará comprometido. Quando sua paquerada cruzar olhares com você, em qualquer situação, deve-se dar seu melhor sorriso.

Durante a abordagem, deve-se conversar com a paquerada e entre as frases mostre um caprichado e lindo sorriso. Enquanto nada for dito nestes preciosos segundos, mantenha exposto um sorriso sem igual. Falamos do tempo em que ela responde algo ou em que você acabou de dizer alguma coisa e espera a resposta dela.

Não fazer uso do sorriso põe tudo a perder. Já dissemos o quanto ele é importante para quebrar o gelo e baixar a guarda do adversário.

Uma face sem sorriso mostra expressão séria, carrancuda e transmite sensação desagradável.

7.4.3 — Deslocamento, Posição e Dança

Em uma boate, leva muita vantagem quem sabe dançar, e se você faz destes movimentos uma forma de expressão sedutora, posicione-se em lugares onde existem muitas mulheres dançando, mas faça isso onde perceba que elas estão sozinhas, para não estimular a ira de ninguém.

Entre as músicas tocadas, certamente existem muitas que permitem que você dance de longe, envolvendo sua paquerada, como que combinados tacitamente a dançarem juntos. Então, em outras músicas mais sensuais, vá envolvendo sua escolhida; isso pode até culminar com vocês dançando alguma música romântica juntos.

Este processo é mais demorado, porém funciona bem. Durante sua proximidade ou quando você perceber que já existe algum vínculo que a dança possibilitou, olhe no fundo do olho dela e mostre-se sensual. Depois disso, aborde-a, falando algo em seu ouvido, como "você dança muito bem... eu sou o Luiz e você?"; em seguida, desenvolva a conversa de modo a conseguir o número de telefone dela.

7.5 — Técnicas de Abordagem Possíveis

Nas boates, não se tem tempo de estudar a situação para praticar uma abordagem. Por isso, deve-se freqüentar boates e treinar modos de abordar. Aqui, as abordagens são realizadas assim que se viu, gostou e já cruzou olhares com a paquerada.

7.5.1 — Abordagens Diretas

Todas as formas de abordagens diretas são possíveis, menos a técnica de carro lado a lado.

É muito utilizada a técnica de pegar pelo braço a pessoa quando ela está passando nos ditos corredores. Já dissemos o quanto tais corredores são movimentados, e a aglomeração é forte aliada. Quando uma paquerada vai passando, ela está muito próxima a você, e uma rápida pegada no braço faz com que ela dedique segundos de atenção a sua pessoa. Aproveite este precioso tempo e diga quase no ouvido dela algo assim: "você é linda... sou o Marcelo, e você?". Continue a conversa perguntando de onde ela é e depois se vem sempre a este local. Dirija a conversa de modo a conseguir seu telefone.

Se ela está em local de fácil ataque, pode-se parar à sua frente e conversar, agindo como descrito na técnica de pegá-la pelo braço, até com o mesmo diálogo-base.

Existe também a possibilidade de você puxar conversa com a pessoa da mesa ao lado ou ainda se apresentar em uma mesa e sentar-se sempre com o mesmo diálogo-base, ou pequenas variantes que sua imaginação criar. Lembre-se de que dialogar com uma mulher é tarefa fácil; faça isso sem rodeios e sem querer parecer uma enciclopédia. Caso exista algum conhecido seu lá, fica mais fácil.

Mas se está difícil por algum motivo espere ela dirigir-se ao banheiro e na saída faça a abordagem utilizando-se da técnica de parar na frente e conversar ou em último recurso a de pegar pelo braço, sempre apoiado no diálogo base ensinado. Prossiga a conversa conforme o momento permitir, sempre buscando conseguir seu telefone.

7.5.2 — Abordagens Indiretas

As abordagens indiretas não são favorecidas neste tipo de local. Devido à alta movimentação e as características do ambiente, as abordagens diretas são as mais recomendadas.

É muito usual conseguir um número de telefone para ligar outro dia. Várias vezes já dissemos que esta forma de comunicação é muito boa, mas deve-se ligar no tempo certo, como ensinado no capítulo *Dicas, verdades e mentiras*.

Por intermédio de terceira pessoa, pode-se conhecer mulheres interessantes. Mas somente pessoas amigas é que podem realizar esta tarefa com sucesso. Elas ajudam em qualquer local, apresentando pessoas tanto nas mesas como nos corredores, ou até mesmo no saguão dos bares. Não conte com o auxílio de desconhecidos.

Quando existir alguém de seu interesse em uma mesa próxima, nos corredores ou em outro local, contar com o auxílio de amigos em comum para fazer o contato inicial facilita muito. Isso evita uma possível rejeição da pessoa paquerada, e o desenrolar da conversa permite que você consiga o telefone dela e continue a paquera de modo indireto um outro dia.

CAPÍTULO VIII

Paqueras no Trânsito

8.1 — Introdução

O ser humano desenvolveu meios de transporte capazes de superar as dificuldades impostas pelo ambiente em que vive, levando-o mais longe e mais rápido que as próprias pernas. Assim, apesar de seu corpo frágil impor a supremacia da inteligência sobre a matéria bruta, o tempo passou, e as formas de realizar este transporte se desenvolveram. Hoje o meio de transporte mais comum e que permite acesso à maioria das pessoas é o automóvel.

No início, a função principal do automóvel era apenas transportar pessoas e coisas. Mas os homens descobriram que dentro de um veículo algo estranho operava em suas consciências. A personalidade mudava. A sensação de poder fluía, e isso era bom para as paqueras. Afinal, de longa data sabe-se que amor e poder caminham em estradas próximas.

A vida moderna requer estar em vários lugares quase ao mesmo tempo, unindo o mundo todo. É a globalização. Possuir modelos de carros sofisticados e melhores é símbolo de *status*. Utilizar deste veículo para lazer e paqueras tornou-se hábito freqüente, quase uma necessidade.

As variantes com que se pode fazer uso dos veículos para paquerar serão analisadas a seguir.

8.2 — Paquerar com Você Dirigindo

Quando é você que está no comando, é sua responsabilidade a condução segura do veículo, e este segue a trajetória que você escolher.

110 *Como Conseguir uma Namorada e Envolver Pessoas*

Lembre-se de que posição e deslocamento são itens fundamentais, estando você a pé ou dentro de um veículo. A diferença é que o veículo funciona como uma couraça, uma armadura que envolve e protege seus ocupantes. Ainda permite maior extravasamento da autoconfiança das pessoas que fazem uso dele. Assim, ao paquerar, elas se sentirão mais capazes e seguras, ficando até mesmo mais desinibidas.

Para paquerar, utilize sempre vias de trânsito mais intenso e que tenham semáforos demorados, ou locais em que o fluxo seja lento. Desta forma, fica fácil colocar o carro lado a lado com o de sua paquerada ou observar as pessoas que caminham pelo local.

Sendo o motorista, você deve posicionar o carro de forma a ter ampla visão sobre as ocupantes do carro vizinho e ainda permitir que seus companheiros também tenham facilidade de paquerar. Nunca se esqueça de que o número ideal de ocupantes de um veículo para paqueras frutíferas é de um e de no máximo dois, ou seja, você e somente mais um amigo. Já dissemos várias vezes que mais que isso compromete o desempenho da paquera.

Coloque sempre o carro de forma a possibilitar a utilização da técnica do olho no olho acompanhado de um magistral sorriso. Para realizar uma abordagem segura, você deve seguir os passos descritos no capítulo IV, *Abordagens diretas*, carro lado a lado.

Sendo o motorista, você deve dedicar-se a paquerar mulheres que estão do seu lado do carro. Isso facilita uma abordagem e a possível conversa através da sua janela. Utilize desta forma de paquera se estiver acompanhado de mais um amigo. Porém, se estiver sozinho, o bom paquerador deve estar atento a todos os lados do veículo.

8.3 — Paquerar com Amigo Dirigindo

Quando você está passeando com amigo(s) e é passageiro, a paquera é mais difícil de fluir que quando você mesmo dirige. Isto porque é o motorista quem posiciona o carro, e nem sempre seu amigo consegue o melhor ângulo para você ter boa visão sobre sua escolhida. Mas com certeza, por breves instantes, você estará na posição ideal. Nesses instantes, seja perspicaz e aproveite esta chance, fazendo uso da técnica do olho no olho. Prossiga, após, como lecionado no capítulo IV, *Abordagens diretas*, carro lado a lado.

Existe a possibilidade de você estar no banco da frente ou no traseiro. Vamos estudar a diferença e como tirar o melhor proveito disso.

8.3.1 — Você no Banco da Frente

Estando no banco da frente, ao lado do motorista, você tem como manter uma conversa discreta com ele sem que as garotas percebam. Assim, um toque do lado da perna dele pode significar que ele deve voltar a atenção para algum ponto ou detalhe. Vocês podem escolher rapidamente se continuam a paquera ou deixam a abordagem para continuar em outro local, ou ainda sobre as preferências de cada um.

Ainda é possível que você estabeleça contato olho no olho com alguma gata que esteja tanto no carro próximo (ao seu lado ou no oposto) como na calçada, pertinho de onde você trafega.

8.3.2 — Você no Banco Traseiro

Nesta posição, sua paquera está comprometida. É possível você ter visão sobre a paquerada tanto no interior de outro veículo como nas calçadas, mas ela não tem visão sobre você.

Se ela não pode te ver satisfatoriamente, então não terá interesse sobre o que não conhece. Neste caso, você dificilmente conseguirá contato para conhecer novas pessoas.

Porém se você e seu amigo estão paquerando mulheres que também já os conhecem, então elas de antemão saberão quem é que está no banco traseiro e se já houver algum interesse por esta pessoa a paquera fluirá normalmente.

8.4 — Como Conduzir o Veículo

O modo como o veículo é conduzido influi diretamente no resultado da paquera. Uma condução correta, segura, sem oferecer riscos permite a realização do flerte e a utilização das técnicas de paquera, mas não garante o seu resultado positivo. Ao contrário, uma condução arrojada, cheia de gracinhas, expondo todos ao perigo também não ajuda o sucesso nas técnicas de paquera, mas influi de modo extremamente negativo e pode colocar tudo a perder. Assim, se dirigir seguramente não melhora seu desempenho, lembre-se de que dirigir de forma perigosa condena toda a chance que você poderia ter.

8.4.1 — Velocidade

A velocidade representa para muitos uma emoção à parte. Mas para o paquerador ela é grande inimiga.

Se você passa por um local ou por um veículo onde estejam as mulheres que serão paqueradas, em alta velocidade não dá tempo de você fazer todas as análises que a paquera requer e também de elas o observar.

É integrante básica do princípio do tempo certo dar o tempo suficiente para que as outras pessoas possam perceber que você existe, fazer comentários a seu respeito, avaliar seus dotes e permitir que o interesse possa surgir.

O deslocamento do veículo segue as mesmas regras de seu deslocamento a pé, por uma calçada ou entrando em algum local. Assim, se você precisa caminhar seguramente por toda a extensão de um bar ou shopping para ser paquerado, percebendo quais mulheres estão interessadas, o mesmo ocorre quando está de carro.

Mantenha a velocidade compatível com o deslocamento de sua paquerada.

Se ela está de carro, mantenha mais ou menos o mesmo ritmo dela. Caso ela adote ritmo forte, sua sensibilidade deve indicar se é para brincar ou fugir de você.

Se ela está caminhando por alguma calçada ou parada em locais movimentados, deve-se manter a velocidade do carro igual ao caminhar de uma pessoa.

Mesmo se ela estiver parada esta é a velocidade ideal. Vagarosamente, como uma pessoa andando, você pode paquerar, ser notado e despertar interesse, e repetindo esta passagem por mais uma ou duas vezes ter condições de fazer uma analise da situação e decidir sobre qual técnica de abordagem utilizar.

8.4.2 — Distância dos Outros Veículos

Ao paquerar no trânsito você deve lembrar que o caçador não pode espantar a caça. Paquera é jogo de estratégia. Não mostre todas as suas armas ou espante o adversário. Mantenha uma distância do veículo da paquerada suficiente para olhar no retrovisor dela e ver seus olhos, ou estar perto apenas para cruzarem olhares furtivos. Isso não quer dizer para andar colado no carro dela. Por momentos, ela irá distanciar-se de você. É normal. Reaproxime-se discretamente. Não tente ficar o tempo todo grudado nela. Deixe a situação parecer normal, embora seja você quem esteja controlando tudo.

8.4.3 — Arrancadas

Nunca dê arrancadas atrás do carro de uma mulher. Ela ficará com medo de você, duvidará da sua perícia no volante com receio de que você danifique seu carro e ainda o tachará de engraçadinho.

Agindo assim, você perdeu todas as chances de conhecer alguém que poderia ser muito interessante.

Lembre-se de que, embora tenha saído de casa para passear e conhecer pessoas, ela não quer fazer isso correndo o risco de ter prejuízos por causa de um irresponsável. Prefere descartar o indivíduo que não soube se comportar e concentrar a atenção em conhecer outros.

8.4.4 — Freagens

Da mesma forma analisada acima, uma freada brusca atrás do veículo de uma mulher pode assustá-la. Uma vez assustada, a caça vai embora. Ela fará de tudo para sair de perto de você.

Falamos de uma situação que muitos homens acham que é vantajosa, mas que na verdade não lhes traz nada de positivo. Porém, uma ou outra freada por conseqüência normal do trânsito não coloca tudo a perder. O bom paquerador pode até utilizar isso como pretexto para estabelecer o primeiro contato, como depois de colocar o carro lado a lado com o dela e pedir desculpas pelo ocorrido. Dependendo da sua representação, o resultado pode ser muito bom. É utilizar as situações do dia-a-dia para transformá-las em motivo de abordagem.

8.4.5 — Uso de Acessórios

Muitos homens acreditam fielmente que se têm um acessório no carro é para ser utilizado a todo instante. São exibicionistas e

114   *Como Conseguir uma Namorada e Envolver Pessoas*

querem a todo custo expor em público que já possuem algum objeto de consumo. O que eles esquecem é que o seu sonho de consumo pode não ser o mesmo da paquerada.

Assim, a correta utilização dos acessórios de um veículo deve ser comedida. Moderando, a ponto de não fazer a atividade de seu acessório despertar as outras pessoas, você não incomodará ninguém.

Lembre-se de que muita gente pode achar maravilhoso a utilização de tal acessório, mas isso ocorre freqüentemente quando a própria pessoa é dona da dita parafernália. Como você é o dono, por fatia de inveja ou sentimento de querer corrigir o mundo, todos o criticarão. Neste caso, você já contou pontos negativos para sua paquera.

8.4.5.1 — Faróis

Os rapazes mais jovens gostam muito de faróis de milha acesos durante uma paquera. Pensam que é *status* mostrar que seu veículo possui algo a mais que os outros. É verdade que algumas mulheres compartilham desta forma de raciocínio, principalmente as que estão na puberdade, ditas patricinhas. Dizem que se ele usou é porque tem.

No entanto, o sentimento de agradar algumas e decepcionar outras não tem influência sobre o resultado de sua paquera. O que conta é o que pensa aquela mulher que está ali sendo paquerada, dentro de um carro ou caminhando próximo ao seu. Vamos estudar isto.

Se você estiver com farol aceso, ela não terá boa visão sobre você e não poderá ter despertado nenhum interesse por sua pessoa. Lembre-se de que você quer despertar interesse dela por sua pessoa, não por seu farol. Então ela deve ver você e não o raio luminoso que o farol emite.

Se a paquerada está no carro da frente e você mantém faróis acesos atrás, ela não saberá nem que carro está ali, quanto mais algo a seu respeito. Então suas chances variam de nulas a inexistentes.

8.4.5.2 — Som

Som alto pode ser curtido em turma e em locais abertos, onde a atividade principal seja outra recreação que não a música. É ótimo para acampamentos ou barzinhos afastados, onde sua turma se reúne em tardes gostosas. Mas para paquerar o som deve ser baixinho, a ponto de você perceber comentários feitos do lado de fora do veículo. Lembre-se de que o bom paquerador deve estar sempre atento, e todas as informações colhidas são importantíssimas.

8.4.5.3 — Vidros e ar-condicionado

A utilização de vidros fechados e ar-condicionado ligado condena consideravelmente o sucesso de sua paquera. Isso ocorre porque dificulta toda a comunicação que você deve estar pronto para fazer.

No trânsito, geralmente ocorre de você ter poucos segundos para cruzar olhares com a paquerada e estabelecer um contato latente. Trabalhar este contato, repetindo-o, e culminar em uma abordagem utiliza invariavelmente meios de comunicação que a janela fechada impede.

Por isso, mantenha sempre abertas as duas janelas dianteiras de seu veículo e fique atento para as oportunidades que virão.

8.5 — Técnicas de Paquera Possíveis

No trânsito, nem todas as formas de paqueras descritas aqui são possíveis. Algumas técnicas, que tratamos em capítulo próprio, são específicas de outros locais. A dinâmica do trânsito faz com que ele deva ser tratado de forma especial. Aqui, as paqueras devem ser rápidas e sem muito rodeio. Aquele flerte, que em bares pode demorar até horas, aqui não passa de minutos, e em algumas situações até mesmo essa fase de paquerar é pulada, indo-se diretamente para a abordagem. Não garantimos o sucesso de uma paquera assim, mas, como já dissemos, cada paquera é uma coisa inédita, tem suas peculiaridades e o resultado depende da habilidade com que o paquerador usa as técnicas.

Normalmente, no trânsito ou fora dele, a paquera inicia-se por um balé, em que as partes descobrem-se e observam-se. O meio para fazer isso é ver o corpo da outra pessoa de baixo em cima, culminando no cruzar de olhares. Desse modo, entra então a técnica de paquera do olho no olho.

8.5.1 — Olho no Olho

Dominar esta técnica significa sucesso em quase todas as relações humanas. Todos cruzam olhares. Até mesmo um animal, quando olha para você, busca o seu olhar.

No trânsito você deve buscar o olhar da transeunte, da ocupante do veículo próximo e de todas as mulheres que porventura estejam pertinho de onde você está passando.

Todas as paqueras bem-sucedidas começam por este tipo de contato. Você pode buscar o olhar de uma mulher, quando seu carro está atrás, olhando no espelho lateral dela. Por alguns instantes ela cruzará olhares com você. Se ela estiver a seu lado, é mais fácil ainda, embora elas costumem mostrar-se um pouco interessadas neste primeiro contato.

8.5.2 — Sorriso

Sem ele não existe paquera. Todas as formas de relacionamento humano dependem de um grande, lindo e energético sorriso. Afinal, é ele que transmite uma dose de energia à pessoa a quem se envia uma mensagem.

O sorriso é supletivo, mas também indispensável. O dia começa melhor para quem sorri logo ao acordar. Lembre-se: a vida sorri para quem sorri para ela. Carregue os outros de energia e alegria e a vida fará isso por você.

No trânsito, o sorriso é o responsável por quebrar o gelo entre as pessoas e baixar a guarda para contatos muito rápidos. Por isso, sorria assim que cruzar olhares com a paquerada.

8.5.3 — Deslocamento e Posição

Como toda ação estratégica envolve ocupar posições que permitam obter vantagens sobre o oponente, a paquera, de modo geral, não foge a esta regra. Em quaisquer de suas modalidades, a paquera só será frutífera se você estiver no local certo, na hora certa.

É a partir desta posição vantajosa que você iniciará sua atuação como flertador, utilizando-se das modalidades de técnicas de paquera, e depois passará a uma abordagem dentre as modalidades ensinadas.

No trânsito, deve-se agir exatamente assim, sem medo, sem rodeios e de forma rápida, porque temos pouco tempo para percorrer todas as etapas da paquera.

Colocar o veículo na posição correta, de forma a permitir o cruzamento de olhares com os ocupantes de um carro vizinho, ou de pessoas que caminham nas proximidades, é tarefa do motorista; mas se ele não for versado nas técnicas aqui descritas cabe ao passageiro ir lhe dando informações a respeito.

Algumas pessoas fazem isso de forma inconsciente e têm resultados muito satisfatórios. Mas, conforme já dissemos, a partir de agora, com nossos métodos, é possível controlar todas estas etapas com conhecimento de causa, moldando as situações com inteligência.

Conquistar a melhor posição requer treino. Como em todas as atividades da vida, uma pessoa que treina molda os reflexos e aperfeiçoa a técnica.

Treine sozinho e depois com um amigo. Você verá que existem diferenças para conseguir boa posição estando sozinho ou acompanhado. Mas, de qualquer forma, não se esqueça de que a utilização dos conselhos sobre acessórios, velocidade e segurança ao conduzir o veículo não mudam.

8.6 — Técnicas de Abordagens Possíveis

Realizada a etapa do flerte, você já se mostrou presente; ela sabe da sua existência, conhece e finge não conhecer suas intenções; enfim, já que se estabeleceu uma forma de comunicação a distância, agora é chegada a hora da abordagem propriamente dita, para que vocês tenham uma conversa pessoal e direta.

8.6.1 — Abordagens Diretas

A dinâmica do trânsito e a velocidade com que as situações vão acontecendo requerem uso exclusivo das abordagens diretas.

Quando o carro está lado a lado com o da paquerada, você deve puxar conversa com a pessoa mais próxima a você, que esteja na frente do veículo, mesmo que sua paquerada esteja no banco traseiro. Isso porque essa pessoa será o seu elo de ligação, fazendo a mensagem não se perder. Você não pode gastar seus preciosos segundos refazendo uma frase que ela não entendeu porque ruídos ou a distância a impossibilitaram disso.

Atue da mesma forma que faria se estivesse em um bar e fosse puxar conversa com a pessoa da mesa ao lado. Apenas aqui as circunstâncias são diferentes, mas o modo descontraído e envolvente deve ser o mesmo.

Depois de iniciar a conversa, trilhe por assuntos rápidos e pergunte onde as garotas vão, onde costumam ir, diga que é (são) linda(s) e qual os seus nomes. Depois peça o número do telefone da sua pretendida. Não fuja desta seqüência.

8.6.2 — Abordagens Indiretas (Impossível)

No trânsito, não se concebe nenhuma forma de abordagem indireta. Mesmo que você consiga utilizar-se de alguma modalidade de paquera indireta, foi por meio direto que você conseguiu tal oportunidade.

Exemplo disso é conseguir o telefone de uma paquerada e depois ligar para ela. Mas para conseguir este número você pessoalmente foi à luta. Mesmo que o amigo do lado o tenha auxiliado nesta tarefa, você esteve presente e atuante. Dessa forma, ele foi mero auxiliar.

Capítulo IX

Paqueras no Comércio

9.1 — Introdução

O comércio é um local em que as mulheres sentem-se bem e por isso gostam de freqüentar. Assim, qualquer dia e hora que você resolver dar uma passeada por este local, com certeza encontrará alguma gata de seu interesse.

Em qualquer hora sempre existirá freqüentadoras, transeuntes, moças trabalhando e empresárias do ramo fiscalizando suas atividades.

Com a abundância do objeto de seu interesse vagando pelo comércio, seus instintos serão aguçados para alguma conquista. Resta saber se você o fará para treinar as técnicas aqui ensinadas ou porque alguma das mulheres locais despertou interesse real em você.

9.2 — Características da Paquerada

Dentre as prováveis freqüentadoras do comércio estão mulheres de todos os tipos sociais e de culturas das mais variadas possíveis. Mas existe a possibilidade de que você selecione, com algum critério, qual a faixa social deseja paquerar.

Quanto à classe social das freqüentadoras, podemos dizer que a seleção é relativamente fácil, isso porque em shoppings mais requintados pode até ter uma ou outra mulher de nível social mais simples, mas com certeza a grande maioria é de pessoas com bom poder aquisitivo. Ao contrário, se você for até alguma loja das ditas ruas de comércio, a possibilidade de encontrar pessoas mais simples

120   *Como Conseguir uma Namorada e Envolver Pessoas*

aumenta muito, e de modo inversamente proporcional diminui a de encontrar pessoas de nível elevado.

De forma relativa às trabalhadoras do referido local, existe semelhança quanto à classe das freqüentadoras. Ocorre que os diretores e gerentes de comércios freqüentados por classes mais elevadas selecionam as mulheres capazes de atender e servir bem, ao mesmo tempo em que enfeitam o ambiente com sua beleza. Portanto, a chance de encontrar uma atendente linda é muito maior num shopping que numa loja simples. Embora existam lojas simples com moças lindas, falamos aqui de possibilidades.

Mas quanto às proprietárias destes estabelecimentos nada pode-se dizer, pelo fato de que pessoas podem ter negócios ou extensões destes em qualquer parte.

9.2.1 — Paquerar a Proprietária do Estabelecimento

Quando se paquera a dona do estabelecimento, tem-se a dificuldade de saber seus horários de trabalho. Isso porque geralmente estas mulheres possuem gerentes treinados para ficar a maior parte do tempo à frente dos negócios e dedicam seu tempo a outras atividades.

Portanto, se você se interessou por alguma mulher nestas condições, levante o máximo de informações a seu respeito, sem se expor, conversando com ela mesma. Muitas vezes, ao chegar neste local, você pode ser atendido diretamente pela proprietária ou conduzir a conversa com a vendedora, levantando algum ponto em que sua presença seja indispensável, tal como: "gostaria de conhecê-la, porque em um outro local alguém me falou muito bem dela...". Sua intuição escolherá qual assunto trilhar ao inventar esta historinha. Encurte os dados porque mentira tem perna curta e isso é só para contato inicial. Nunca dê detalhes de algo que ela pode vir a confirmar. Em novas conversas, faça a historinha inicial passar despercebida e nunca mais toque neste assunto.

Não sendo possível conversar diretamente com a proprietária do local, resta-lhe o contato indireto, obtendo informações a seu respeito com outras pessoas.

As funcionárias geralmente têm instruções de não falar sobre suas vidas pessoais, mas com jeitinho acabam fornecendo algum dado importante. Usando esta informação como ponto de partida, dedique-se a decobrir outros lugares onde ela freqüenta e, se possível, seu número de telefone ou de um outro local de trabalho. Caso consiga o número de sua residência ou de seu celular, você deu um passo muito grande.

O telefone do local você consegue com cartões ou nota fiscal de alguma mercadoria que eventualmente adquiriu, mas isso é de pouco proveito, porque quem atende são sempre as funcionárias. No entanto, você tem uma ou duas chances de poder discar esse número e pedir que a chamem. Mais que isso as funcionárias começam a saber da vida da patroa. Então, dedique-se em conseguir um outro número com ela mesma, aproveitando estas oportunidades. Deixe claro a ela que prefere um outro número para não a expor. Caso ela forneça, passe a usá-lo, e se ela preferir que você continue utilizando o da loja, proceda assim mesmo. Nos contatos telefônicos você deve agir como ensinado nas técnicas de abordagem indireta.

9.2.2 — Paquerar a Funcionária do Estabelecimento

Cuidado para não confundir o bom tratamento recebido por uma vendedora e tirar conclusões apressadas de que ela está realmente dando chance de um flerte. Porém, caso você tenha esta impressão ou deseje prosseguir na paquera, seja discreto para que superiores da moça não suspeitem de algo e coloquem em risco o emprego dela.

É muito mais simples paquerar uma funcionária, porque você facilmente levanta dados a seu respeito, tais como seu horário de trabalho, seu telefone de serviço e outras informações em conversa com ela mesma ou com alguma amiga, também vendedora.

Não vá com freqüência ao estabelecimento e, quando o fizer, ou for ligar, escolha horários em que não se encontre nenhum chefe. Por isso, levante as informações sobre horários da chefia logo no início.

As vendedoras amigas fornecem os dados mais facilmente que fariam em relação à patroa, porém têm o péssimo hábito de querer proteger a amiga e cortar paqueras em que elas mesmas não se interessariam. Por isso, após fazer contato, livre-se da influência das amigas dela. São potenciais adversárias. Então mantenha uma ami-

122 *Como Conseguir uma Namorada e Envolver Pessoas*

zade superficial com elas para tirar proveito da situação, sem deixar transparecer alguma impressão negativa a seu respeito. Lembre-se de que são com as amigas que ela conversa sobre você, e um simples comentário negativo pode colocar tudo a perder.

9.2.3 — Paquerar Cliente do Estabelecimento

Um estabelecimento comercial recebe por dia grande quantidade de pessoas, e dentre estas estão muitas mulheres interessantes.

Quando você chega a um estabelecimento, pode encontrar uma cliente que já estava lá dentro verificando as mercadorias e apreciando o ambiente, e notará que outras chegam a todo instante. Isto se for uma loja de alta rotatividade, porque em lojas pequenas ou pouco movimentadas a chance de chegar alguém quando você estiver lá diminui muito.

É possível que você siga alguma mulher que despertou seu interesse até a loja. Então você vai entrar neste local já sabendo que lá contém uma paquera em potencial e sabe qual a pessoa desejada. Estando lá dentro, o seu interesse pode ser voltado a outra pessoa.

Ao entrar no estabelecimento, posicione-se de modo a observar sua paquerada a média distância, por alguns instantes, e repare nas coisas em que ela está interessada. Uma boa tática é começar a ver as mesmas coisas e, de modo "casual", ir se aproximando dela. Provoque este encontro de modo furtivo e, de forma simples, peça sua opinião sobre algum dado da mercadoria, sempre lembrando-se de que a resposta que deseja estimular deve ser curta. Um exemplo é "minha prima faz aniversário. Você acha que esta peça combina com esta outra?"; alguma opinião ela externará e, a partir disso, desenvolva um papo curto e agradável. Muitas vezes é realmente necessário que você adquira a dita mercadoria. Em outras, você pode colocá-la de volta no local e sair para ver outra coisa. Quem saberá se o investimento compensa ou não é você.

Uma dificuldade que costuma acontecer nesta técnica é deixar uma vendedora vir atendê-lo logo de cara. Para contornar isso, assim que entrar na loja e alguém daquele departamento vir atendê-lo, diga que só está observando. Elas o deixarão à vontade e você poderá prosseguir na paquera. Faça isso logo que chegar para deixar claro que não deseja auxílio de vendedoras. Elas arruinariam toda a estratégia da abordagem direta que estamos falando. Aqui tem semelhança com a abordagem direta por método paliativo, estudado nas viagens.

9.3 — Técnicas de Paquera Possíveis

Sendo o comércio um dos locais em que a freqüência de pessoas é alta e o ambiente proporciona ver e ouvir a certa distância, pode-se e deve-se usar todas as formas de paquera, com exceção das utilizadas para os veículos.

Paquerar no comércio é hábito saudável que o mantém informado sobre as novidades. Tudo estimula a visão...vitrines bem montadas, coloridas, mercadorias lindas e mulheres deslumbrantes por toda volta.

9.3.1 — Olho no Olho

Toda paquera inicia-se por um breve contato especial. Um cruzar de olhares estimula toda a estrutura nervosa do ser humano e pode até provocar arrepios. A partir daí, você e ela já sabem que algo diferente está para acontecer, conforme já discutido em capítulo próprio.

Com qualquer tipo de mulher, alvo de sua paquera, que esteja no comércio, você deve cruzar olhares. Aqui, de modo mais sutil que em outros locais. Isso porque no comércio as pessoas vão para trabalhar ou adquirir alguma coisa, e em outros locais vão especificamente para paquerar e serem paqueradas. A repetição de algumas trocas de olhares, furtivas como se fossem casuais, é necessária para passar à segunda fase da paquera: o sorriso.

9.3.2 — Sorriso

Qualquer que seja a paquerada, proprietária, funcionária ou cliente, você deve expor um lindo e envolvente sorriso em suas conversas.

Já tratamos das vantagens disso em capítulo adequado. Fugir a esta regra é colocar tudo a perder. Sem sorriso não se consegue baixar a guarda da outra pessoa, e ela não se abrirá a você, dificultando qualquer tentativa de paquera.

124 *Como Conseguir uma Namorada e Envolver Pessoas*

Sorria assim que você for perguntar algo ao seu alvo; quando ela lhe der alguma resposta, também sorria, mesmo quando discordar. Mas faça isso quando estiver conversando com a pessoa ou no contato inicial de puxar conversa, na abordagem. Não o faça durante o contato de olho no olho se não sentir que é o momento adequado. Só com muito treino você despertará esta sensibilidade. Não sendo perito, ou se está no início de sua carreira de paquerador, prefira a discrição a expor-se demais.

9.3.3 — Deslocamento e Posição

Ao entrar no recinto você deve ir observando onde estão as possíveis paqueradas e a disposição dos móveis, prateleiras, vitrines e mercadorias de grande porte. Isso para escolher um local em que sua visão sobre o recinto e a paquerada seja ampla. Caminhe pelo local de forma a dar a impressão de estar realmente interessado em algo.

Dependendo do tipo de paquera-alvo que você escolher, é em um local que ficará. Se a paquerada for uma cliente, você deverá agir contornando o lugar em que ela está, de forma a provocar um encontro, para que ambos observem juntos alguma mercadoria.

Se a paquerada for vendedora, dê um jeitinho de ser atendido por ela e escolha algo simples para comprar. Muitas vezes é conveniente comprar algo para não demonstrar seu real interesse em princípio. É fácil adquirir seu cartão.

Caso seu alvo seja a proprietária do local, para chegar até ela a estratégia é mais delicada. Pode ocorrer de ela mesma vir atendê-lo e facilitar tudo, mas comumente não é o que acontece. Geralmente elas ficam no escritório ou próximo ao caixa. Para chegar até ela, você deve adquirir alguma coisa.

9.4 — Técnicas de Abordagens Possíveis

Aqui, as abordagens têm peculiaridades que fazem do paquerador um alvo dos vendedores. Como ele está num recinto comercial, todos querem a todo custo despertar sua atenção a um dado produto, com a finalidade de que ele o adquira. Sendo assim, ele deve observar a paquerada e as pessoas encarregadas da venda dos produtos.

Ao observar uma mulher, e sentir que ela tem algo de especial, você tem uma necessidade muito grande de aproximar-se e senti-la mais de perto. Faça isso com inteligência e segundo os métodos ensinados.

O contato inicial que se faz com uma possível paquerada no comércio geralmente é por abordagem direta. Mas existem situações em que a indireta se faz necessária.

9.4.1 — Abordagens Diretas

A dinâmica do comércio exige uma atuação mais firme por parte do paquerador. Qualquer que seja a paquerada escolhida, sempre se deve pensar primeiro numa possibilidade de abordá-la diretamente.

Se for uma cliente, esta escolha é primordial, porque você não saberá se um dia ela voltará àquele local. Então, sua oportunidade é única. Ou você vai conversar com ela ou não terá outra chance e ficará só na observação platônica. Resolva isso usando da técnica paliativa rapidamente descrita no item 9.2.3.

Escolhendo uma vendedora, você deve pautar-se em assuntos relativos ao objeto escolhido para aquisição e mostrar-se muito agradável. Dependendo do tipo de mercadorias vendidas naquele local, é o que você irá comprar e em torno do qual o assunto vai girar. Não dê a entender que deseja flertar com a vendedora. Utilize o sorriso sem modéstia, mas com cuidado para não ser taxado de oferecido. Caminhe pelo estilo clássico de ser meio misterioso. Vendedoras pensam sempre em novas vendas, querem conquistar o cliente facilitando sua coleta de informações e assim que este adquire a mercadoria leva junto consigo um cartão dela. Se possível, passado algum tempo, uns quatro ou cinco dias, volte à loja e adquira algo novamente com a vendedora paquerada para que ela grave sua fisionomia. De novo seja discreto e não revele seus objetivos. Após curto tempo, dois ou três dias, continue a paquera por método indireto, telefonando para ela.

Se a pretendida for a proprietária, a abordagem direta deve ser cautelosa, com os assuntos trilhando para a informalidade. Elogie a distribuição e o arranjo das coisas da loja dela e nunca dê sugestões. Aquilo foi feito ao seu gosto e assim deve ficar. No desenrolar da

126 *Como Conseguir uma Namorada e Envolver Pessoas*

conversa, adquira seu telefone e em outra oportunidade continue pelo método indireto. Ela não tem muito tempo a perder, e se você esticar a conversa ela vai chamar alguém para continuar atendendo-o e sairá, colocando tudo a perder. A conversa com ela deve ser breve, e você deverá ir embora antes de atingir o tempo mínimo de esgotar a paciência da moça. Desenvolver esta sensibilidade é fator essencial em todas as relações humanas.

Sempre existe um local dedicado ao lazer, ou ambiente de preferência em que ela costuma sair à noite, ir com amigos, passear sem rodeios, etc. Vá a este local e provoque um encontro "casual". Neste encontro, utilize de abordagem direta, caso não prefira a indireta, como, por exemplo, com terceiros auxiliando.

9.4.2 — Abordagens Indiretas

O método indireto é a solução de muitos problemas referentes às paqueras e até nos negócios. Muitas pessoas que não dedicariam um pouquinho de sua atenção para nos ouvir pessoalmente gastam enorme tempo ao telefone conversando conosco.

Outras formas de abordagens indiretas também são frutíferas, dependendo de quem se faz portador do recado e sua habilidade em ser nosso causídico.

Particularmente, para continuar paqueras iniciadas no comércio, a abordagem indireta, por telefone, é a mais indicada. Isso porque pouco atrapalha o andamento da atividade profissional se você for rápido e discreto. Por isso nunca estenda a conversa.

Porém, quando você for ligar para pessoas que eram clientes do comércio, pode-se desconsiderar isso em parte, mas, mesmo assim, mantenha a conversa por períodos de tempo que não esgotem a paciência do ouvinte. Quando ligar para a cliente, diga que ela o impressionou muito, que é muito linda, e já deixe claro que a admira muito. Mas não dê nenhuma cantada pelo telefone. Convide-a para saírem juntos no terceiro telefonema. Os dois primeiros são para quebrar o gelo e mostrar seu interesse. Depois destes dois ela estará mais segura da sua companhia e você terá chances maiores de ela aceitar o seu convite.

Ligar para uma comerciária requer estar de posse de informações seguras sobre o melhor horário e da presença ou não de chefes. Se ela estiver ocupada e não puder atendê-lo, alguém que o atendeu

Paqueras no Comércio

é que vai dizer a ela sobre seu telefonema e conversarão sobre sua pessoa. Isso estraga o elemento surpresa, e quando você ligar novamente, em outro horário, corre o risco de ela já deixar claro que "se tal pessoa ligar, estou sempre ocupada". Ligue nos horários em que o movimento no comércio é mais fraco e tem maior chance de ela estar disponível para atendê-lo.

Telefonar para a proprietária de um estabelecimento comercial segue as mesmas regras de ligar para a comerciária, mas jamais conte a ela quem foi que lhe forneceu as informações, se não as conseguiu com ela mesma. Isso pode prejudicar sua fonte. Geralmente as proprietárias são pessoas dinâmicas e muito ocupadas.

Um bom caminho a ser trilhado é conseguir informações de onde encontrá-la fora de seu estabelecimento comercial. Ligue para este local e logo de início deixe claro suas intenções de paquera. Elogie sua beleza, seus dotes físicos e jamais fale algo sobre sua administração ou seu comércio. Você quer a mulher, não a empresária. Se ela perceber o contrário, você não terá chances.

Pessoas assim têm relativo sucesso profissional e cobram isso das outras pessoas, não permitindo nem querendo que alguém se encoste nelas.

Capítulo X

Paqueras no Trabalho

10.1 — Introdução

Paquerar no trabalho é tão antigo quanto o próprio trabalho. Antes, o dominante impunha-se sobre o subordinado e tinha sobre este muito mais que mera subserviência laborosa. Não nos referimos à escravatura, porque neste período negro da humanidade existia a propriedade do homem sobre o homem. Relatamo-nos a épocas em que o senhor tinha direitos sobre seus tutelados. A primeira noite de uma mulher por muito tempo não foi privilégio do noivo. O tempo passou e as relações pessoais mudaram. Os dois sexos dividem lideranças e chefias. Caiu a hegemonia masculina nos negócios. A competência de cada um, na globalização, dita as regras.

O mundo unificou-se, mas a proximidade de pessoas de sexos diferentes, em um mesmo ambiente, por muitas horas, em muitas vezes, faz o desejo despertar.

Assim, o trabalho é fonte rica de paqueras porque mantém pessoas próximas umas das outras, e a sua dinâmica faz com que muitas outras pessoas, até então desconhecidas, passem a fazer parte de um convívio muito intenso.

No ambiente de trabalho, temos contato diário com colegas, chefes, colaboradores e pessoas diversas que necessitam do serviço prestado. Fregueses, clientes, assessores, fornecedores, etc. formam uma gama infindável de possibilidades de se conhecer alguém interessante, além dos próprios colegas, chefes, subordinados, etc.

Porém, o ambiente de trabalho é também fonte rica de dores de cabeça quando uma pessoa não sabe respeitar os limites de outra. Vejam-se os casos de assédios existentes. Para quem assedia é tortu-

130   *Como Conseguir uma Namorada e Envolver Pessoas*

ra não ter a pessoa desejada e vê-la todos os dias. Para o(a), assediado(a), saber que no próximo dia aquela pessoa estará ali, pertinho, assediando, faz do ambiente de trabalho um inferno.

Por isso, saiba separar as coisas, e se for assediado saiba mostrar que ali é ambiente profissional. Se você pretender paquerar alguém de seu local de trabalho, siga as orientações seguintes para não invadir a esfera íntima de ninguém e tornar-se um torturador.

10.2 — Características da Paquerada

Neste ambiente, é possível paquerar-se uma colega de trabalho, uma subordinada ou a própria chefe. São estes os tipos principais que iremos detalhar neste capítulo.

Ainda existe a possibilidade de se paquerar alguém que se dirigiu até seu ambiente de trabalho por alguma necessidade ou quando você mesmo se dirige até o trabalho de alguém e lá encontra uma pessoa interessante. Mas estes tipos confundem-se e têm profundas semelhanças com a paquera de clientes e funcionárias de um estabelecimento comercial. Portanto, como já foram discutidos no capítulo sobre paqueras no comércio, é desnecessária a repetição. É só ler com interpretação analógica que facilmente você perceberá a semelhança.

No trabalho, a paquerada tem poucas chances de realizar uma fuga física para evadir-se de suas investidas. Isso ocorre devido à necessidade de ela estar todos os dias no mesmo local trabalhando. Não é um lugar aonde simplesmente ela deixará de ir porque lá freqüenta alguém de que ela não gosta. Por outro lado, se é vantagem ela estar todos os dias no mesmo ambiente, é desvantagem o tipo de fuga que ela realiza: a psicológica. Nesta modalidade, ela passa a ignorar sua presença e a desviar os assuntos, de modo que você nunca fará parte deles, e até mesmo começa a falar mal de você às outras pessoas do círculo, sempre que possível, como "ele não desgruda do meu pé...".

Para não despertar esta defesa contra sua pessoa, recomendamos que siga calmamente a paquera sem se expor. Conquiste passo a passo cada detalhe. Paquera é jogo de estratégia, já dissemos, e aqui o campo de batalha é muito pequeno, com poucas possibilidades de se consertar um engano desastroso.

Mais que nunca você deve ser sutil e deixar claro que o espaço profissional dela será preservado a todo custo. Quando você se sentir atraído por alguma colega de trabalho, chefe ou subordinada, deve repensar várias vezes se é isso mesmo o que você deseja. Isso porque se lá é o ambiente de trabalho dela, e você vai invadir seu território particular, lembre-se de que também é seu ambiente de trabalho, e você acabará se expondo na mesma medida.

10.2.1 — Paquerar Colegas de Trabalho

O trabalho favorece as relações pessoais devido à proximidade e freqüência dos contatos. Assim, você deve estar atento para perceber se sua paquerada lhe dedica certo tratamento por descontração, por educação ou se existe interesse escondido.

É desvantagem o fato de vocês poderem se tornar amigos demais. Se isso ocorrer, você corre sério risco de ouvi-la falar de outro homem e de suas fantasias, sem jamais lhe dedicar um olhar com o menor interesse.

Seja profissional e mantenha sempre um ar de mistério ao seu redor. Deixe sempre algo a seu respeito sem que ela saiba. Não exponha seus gostos, preferências ou aptidões. Você deve ser novidade em algo para poder ter chance de sucesso.

Mostre-se sempre disposto a ajudar sem interesse, porque cada gesto seu será observado por ela. As menores delicadezas serão discutidas na sua ausência. Cuide muito do visual e da higiene pessoal. Jamais vá trabalhar sem antes ter tomado um bom banho, caprichado na barba e escolhido uma combinação de roupas que realcem sua personalidade. Vista-se sempre com elegância e estilo.

Cada dia de trabalho é nova oportunidade de mostrar-lhe, sem nada dizer, que você é o tipo de homem que supera, em muitas vezes, um possível paquera dela. Nunca fale mal desse provável adversário. Apenas o ignore. Exalte suas próprias qualidades sem, contudo, querer rebaixar as dele.

Seja discreto e nunca aborde sua paquerada ou a cante neste ambiente. Use sua proximidade para conseguir descobrir o que lhe interessa e fazer aliados. Assim é fácil marcar encontros em outros locais ou descobrir onde ela estará, para uma passagem casual por lá.

Use das técnicas de paquera e de abordagem nestes outros lugares e nunca no ambiente de trabalho. Em hipótese alguma envie

132   *Como Conseguir uma Namorada e Envolver Pessoas*

presente a ela no local de serviço. Mantenha tratamento discreto, sem demonstrar aos outros funcionários que entre vocês existe ou está prestes a existir algo. Ela vai adorar a segurança de você preservar sua integridade no trabalho. Este é o maior receio de uma mulher em se envolver com alguém que trabalha próximo ou junto dela. Afinal, como ela ficará quando se separarem?

Paquerar, abordar e conseguir certa relação estável com uma colega de trabalho é possível, comum e difícil. Isso porque se leva muito tempo preparando terreno, e um afobadinho coloca tudo a perder muito cedo.

10.2.2 — Paquerar Sua Chefe

Tudo o que dissemos até aqui vale quando se for paquerar a chefe. Deve-se seguir os mesmos passos, mas com atenção redobrada. Isso porque se ela não se sentir à vontade no ambiente de trabalho devido à presença de certa pessoa que não foi sutil ou discreta nas cantadas e na abordagem ela simplesmente dará um jeitinho de dispensar este problema.

Sempre que você for solicitado a realizar alguma tarefa, faça-a com a maior desenvoltura e presteza possíveis. Primeiro, conquiste o respeito de sua chefe por sua competência. Certamente, ao notar sua presença como mulher, ela analisará todos os seus dotes, embora possa não comentar com ninguém. Então ela terá um juízo de valor a respeito de sua pessoa.

Realize seu marketing pessoal com boas roupas e ande sempre arrumado. Converse de modo discreto com todas as pessoas com quem ela tem contato, porque sendo chefe ela está em uma hierarquia superior à sua, mas observa suas qualidades e seu potencial de subir de posição. Repare como as técnicas de paquera auxiliam as pessoas até mesmo na vida profissional. Envolvendo pessoas influentes, pode-se subir mais facilmente na vida. Por isso, bons contatos e boas amizades fazem a diferença.

Será em outros ambientes que você fará uma utilização mais efetiva das técnicas de paquera. Porém, foi no ambiente de trabalho que a plantinha do interesse foi semeada e é nele que vai florescer.

Chefes ficam a maior parte do tempo envolvidos com problemas profissionais, e muitas vezes o trabalho é como uma extensão de suas vidas particulares. Em breves momentos de relaxamento,

Paqueras no Trabalho 133

mesmo em casa, eles pensam nas pessoas e coisas do trabalho. Dessa forma, sua paquerada também dedicará um pouquinho de tempo pensando em você. Se seu marketing pessoal foi bem feito, sua chefe começará a intensificar estes momentos em que ela se pegou pensando em você. As técnicas de abordagem devem ser utilizadas sempre em outros locais que não os de trabalho. Preserve este ambiente a todo custo. O máximo permitido é uma abordagem indireta, por terceira pessoa, detalhada a seguir.

10.2.3 — Paquerar Subordinadas

Aqui existe maior liberdade de atuação porque não se corre o risco de perder o emprego, por somente se expor, ou sofrer represálias. Mas nem por isso se podem provocar situações constrangedoras para ambas as partes.

Quando você estiver interessado em uma subordinada, lembre-se de que ela também é gente, a época da escravidão já passou e não a sobrecarregue de atividades inúteis só para ficar constantemente em contato. Também não dê proteção a mais em detrimento de atividades que ela estaria obrigada a fazer.

Seja profissional, sem amolecer no comando, mas com o cuidado de ser gentil e educado. Faça-se um líder, não um adversário. Imponha-se pela competência e jamais se altere com alguém.

Todos reparam quando um chefe tolhe ou aproveita-se de alguém. E comentam quando ele proporciona oportunidades.

Converse muito com todos os funcionários sobre as atividades profissionais. Faça reuniões e não exponha sua vida sentimental e íntima. Deixe sempre certo mistério sobre o que você faz em seus momentos de folga. Não comente sobre seus finais de semana se eles forem muito superiores aos de seus subordinados. Parece "contar garganta".

Não queira conquistar sua subordinada mostrando-lhe que, se estiver a seu lado, terá uma vida melhor que a que leva hoje. Fatalmente dará errado. Isso só funciona com pessoas interesseiras e mesmo assim é ela que deve perceber isso, nunca você mostrar ou insinuar. O interesse deve ser sobre sua pessoa, não pelo seu cargo ou poder aquisitivo.

134 *Como Conseguir uma Namorada e Envolver Pessoas*

Para conseguir isso você conta com um tempo muito grande de contato e saberá que no dia seguinte ela voltará. Então faça as coisas devagar, sem pressa; não se afobe.

A sós com sua interessada você pode conversar sobre coisas banais, do dia-a-dia, descontraindo a relação. Mas faça isso longe dos outros funcionários. Ela perceberá que, quando sozinhos, você lhe dedica tratamento mais informal e próximo a outras pessoas você é mais profissional. Com o tempo ela também passará a agir assim, mostrando que entendeu que ali é ambiente de trabalho.

Nestes momentos em que estão sozinhos, você pode ir coletando informações sobre suas atividades fora do trabalho, e principalmente sobre onde ela gosta de freqüentar. Dependendo do rumo tomado, é possível que vocês marquem de saírem juntos para um cinema, chope ou outra atividade. Muitas vezes isso não é possível e não se deve forçar a situação. Se ela recusa um convite é porque tem motivo. Dê um tempo de umas duas semanas e tente de novo. Se for novamente recusado, então você não deve repeti-lo. Tente, assim, abordá-la em outro lugar. Provoque um encontro no local que ela gosta de freqüentar e observe a nova situação. Pode ser necessária uma abordagem indireta.

10.3 — Técnicas de Paquera Possíveis

As próprias características do espaço físico do ambiente de trabalho ditam quais das modalidades de técnicas de paquera podem ser utilizadas.

Não se pode passar de carro onde a paquerada está, e neste local não é aconselhável que se realize nenhuma abordagem, em regra, mas podem existir exceções.

Trata-se de ambiente em que os passos devem ser vagarosos e seguros, por isso o classificamos como ambiente preparatório de uma paquera, mas seu desfecho deve ocorrer em outro local.

Utilize as técnicas de paquera para flertar, isto é, para fazer-se notar com outros olhos, despertar inicialmente a curiosidade na pessoa desejada. Com sabedoria, acumule informações a respeito da paquerada e utilize-as segundo a estratégia previamente escolhida dentre as técnicas de paquera aqui comentadas. Estudemos agora as

Paqueras no Trabalho

possíveis técnicas de paquera que comumente podem ser utilizadas no ambiente de trabalho.

10.3.1 — Olho no Olho

Saber reconhecer um olhar é fundamental para o sucesso não só nas paqueras como na vida profissional. Ele pode dizer muito mais que as palavras. Associado à expressão corporal e a gestos inconscientes, o olhar exprime a verdadeira intenção do seu autor.

No trabalho, cruzamos com colegas, subordinadas, chefes e pessoas que ali se dirigem a todo instante. E é neste instante que fatalmente, por mais sutil que seja, acabamos por fitar olho no olho estas pessoas.

É evidente que a maioria delas exprime um olhar educado, rápido, com a intenção de manter contato sem dialogar, fazendo do ambiente de trabalho o lugar mais discreto e agradável possível.

Mas outras pessoas refletirão interesse mais profundo que uma simples amizade. Perceber isso leva o paquerador a saber que caminho trilhar. Ele pode escolher alguém que já sabe ter interesse por sua pessoa, e a paquera se desenvolver sem nenhum problema, ou flertar e seduzir alguém que nada demostrou, seguindo um caminho difícil, porém lucrativo, porque se vai conseguir quem realmente deseja.

Toda vez que você cruzar um olhar com alguém, seja firme e seguro, não o desviando assim que a pessoa pegá-lo olhando em seus olhos. Tenha autoconfiança. O olhar exprime isso. Depois de alguns olhares cruzados, a pessoa certamente já percebeu sua intenção. Caso ela corresponda em alguma oportunidade é porque aceitou o jogo, e aí você deve entrar na etapa da próxima técnica de paquera: o sorriso.

10.3.2 — Sorriso

Já dissemos várias vezes que a utilização desta técnica de paquera não aumenta o desempenho de ninguém, mas deixar de utilizá-la pode colocar tudo a perder.

Depois de você e sua paquerada cruzarem os olhares ou durante este ato, caso ele seja duradouro, você deve fazer uso de um sorriso digno de um "Oscar".

Um sorriso malicioso, com classe, querendo despir a moça e ao mesmo tempo dizer "oi... nem tinha te percebido..." faz as mulheres irem à loucura. Essa atitude aquece suas fibras mais íntimas e estimula seu ego feminino. Ela sabe que é desejada e que você soube disfarçar. É essa a essência da paquera.

O sorriso deve ser espontâneo e imediato, aplicado na hora e na medida correta. O treino e seu constante uso farão de você um *expert* nesta técnica. Basta ir observando as reações que tal ação provoca nas outras pessoas. Mas, como tudo funciona em conjunto, seu deslocamento e posição devem ser milimetricamente estudados.

10.3.3 — Deslocamento e Posição

Nem sempre é possível ficar muito tempo deslocando-se pelo ambiente de trabalho. Então, deve-se fazer o melhor uso do pouco tempo do qual você dispõe. Quando você for se deslocar pelo ambiente de trabalho, faça-o na hora em que sabe encontrar a paquerada e posicione-se de forma a provocar encontros ou cruzamentos os mais discretos e casuais possíveis.

Não fique cercando a paquerada todos os dias da mesma forma e no mesmo local porque ela começará a se irritar. Os encontros devem ser em locais variados, e em horas menos prováveis possíveis, simulando uma ocorrência natural. Foi para isso que você estudou todos os seus movimentos.

Deixe alguns dias sem provocar encontros para que ela tenha a curiosidade de saber por onde você anda. E quando vocês se cruzarem podem até ter novidades para conversar. Estas conversas ditam o rumo da paquera. Cada paquera é única. Tem características e peculiaridades próprias. Dependendo do rumo destas conversas, você optará pela abordagem ou irá preparar ainda mais o terreno.

10.4 — Técnicas de Abordagens Possíveis

As abordagens diretas proporcionam resultado mais rápido, mas também podem levar a um fracasso irreparável.

Por outro lado, as abordagens indiretas não garantem resultado instantâneo, mas podem ser mais frutíferas.

Conforme já dissemos, cada paquera é única e é a sua sensibilidade que dirá qual forma se enquadra melhor no seu caso concreto. Pode ocorrer de tudo desenrolar-se de forma tão diversa da do exposto aqui, que pegaria de surpresa um leitor descuidado que somente leu alguns tópicos. A leitura integral deste livro o preparará para situações inéditas.

Para decidir se chegou o momento exato para abordar sua paquerada, siga o ensinado no tempo certo para interceptar, no capítulo III.

10.4.1 — Abordagens Diretas

O ambiente de trabalho é rico em oportunidades para uma abordagem direta, mas, em contrapartida, nem sempre temos a privacidade desejada para uma boa conversa depois da abordagem.

A própria formalidade que o ambiente proporciona é inibidora de situações mais sensuais. Então, neste ambiente, as pessoas estão um pouco refratárias a terem seu mundo íntimo invadido, dificultando assim uma abordagem direta. Para evitar isso, prepare o terreno e sutilmente vá conquistando a confiança e liberdade necessárias de sua pretendida.

Geralmente, não aconselhamos abordagem direta no próprio ambiente de trabalho, com a finalidade de já expor as intenções. Pode-se fazer uso desta técnica para quebrar o gelo, conversar e colher informações de modo mais informal possível, sem deixar transparecer nenhum interesse. Assim, quando você for realizar uma abordagem em outro local o terreno estará pronto, e sua paquerada não deixará de lhe dar atenção porque você não é um desconhecido.

Por outro lado, você perdeu a chance de ser novidade, de ter algo desconhecido, de exalar um ar misterioso. É para evitar isso que já anteriormente dissemos para você procurar manter sempre algumas informações a seu respeito sigilosas.

Em vários outros locais, que não o ambiente de trabalho, você terá oportunidade de encontrar-se com a paquerada, segundo as informações acumuladas durante sua pesquisa. Será nestes locais que você deverá mostrar-se animado, alegre, descontraído. Ela notará a diferença de seu comportamento com o do local de trabalho e perceberá o quanto você é bacana. Diferentemente da pessoa profissional, você deve ser envolvente, disposto e mostrar-se sempre de bem com

138   *Como Conseguir uma Namorada e Envolver Pessoas*

a vida. Isso não quer dizer que lá você não possa ser assim, mas é que o respeito e a formalidade tolhem sempre essas características.

Depois de a moça mostrar-se receptiva a brincadeiras, piadas e insinuações, que normalmente não aceitaria no ambiente de trabalho, é chegada a hora de você abordá-la diretamente, tocando sempre em alguma parte de seu corpo, como mãos, braços e ombros, de forma discreta e segura. Pare de tocá-la se perceber alguma recusa ou retirada mais forte.

10.4.2 — Abordagens Indiretas

Dentre as várias formas de abordagem indireta possíveis, destacamos a do telefone. É por meio dele que você pode bater papos mais longos e descontraídos com a pessoa desejada. Vocês ficarão mais à vontade, e os assuntos fluirão naturalmente. Até mesmo um possível fora tem proporções menores que ao vivo. E é fácil dar desculpas para cortar a ligação quando ela não interessa mais.

É por meio do telefone que mais facilmente se consegue marcar encontros e depois obter pessoalmente algum progresso.

Para esse tipo de investida, pode-se contar com relativo auxílio dos outros colegas de trabalho, mas reveja no capítulo V as vantagens e desvantagens de uma abordagem indireta por terceira pessoa. Não confie demais nas pessoas que trabalham a seu redor. Elas foram colocadas a seu lado pelas circunstâncias da vida, não por escolha de cada um. Então, podem não ter todas as qualidades que você gostaria que tivessem.

Mas, por outro lado, estas pessoas são ótimas para marcar de saírem todos juntos ou encontrarem-se em algum local. Pode ocorrer que sua paquerada não queira sair sozinha com você, e desta forma ela estará lá, em um local em que a abordagem será facilitada.

Jamais envie presentes à paquerada no seu ambiente de trabalho. Depois de terem alguma intimidade, você pode se atrever até a mandar algo em sua residência. Mas o sucesso desta modalidade é duvidoso e segue caminho incerto. Releia as características de cada modalidade de abordagem indireta no capítulo próprio.

Capítulo XI

Paqueras em Festas

11.1 — Introdução

Normalmente, quando ficamos sabendo de uma festa, nós a associamos sempre a um local descontraído e com grande quantidade de pessoas, e dentre estas muita gente bonita. Por isso, todos gostamos de festas, respeitadas as preferências e disposição física de cada um.

Ir até uma festa para paquerar é tão comum que, sempre que alguém nos convida, ou oferece convites para serem adquiridos, a primeira pergunta é saber quem mais irá. Depois de satisfeita a curiosidade de se algum conhecido também estará lá, queremos saber se grande quantidade de desconhecidos também estará. Isso porque quanto maior a oferta, maior a possibilidade de encontrarmos pessoas interessantes.

É essa eterna busca que faz a dinâmica de uma festa. Todos procuram alguém ou alguma coisa, embora poucos saibam exprimir exatamente o quê.

Com uma coisa todos concordam: uma boa festa é aquela que tem muita gente, e de preferência bonita e desacompanhada. Depois de realizada esta análise inicial, observamos o nível social dos freqüentadores. Aí cada classe social tem seus valores e sua representatividade.

11.2 — Características da Paquerada

Para a pessoa que vai paquerar o ambiente festivo é ótimo. Lá, com certeza, estarão muitas pessoas acompanhadas e outras tantas

140   Como Conseguir uma Namorada e Envolver Pessoas

sozinhas. Dentre as acompanhadas, muitas não estão satisfeitas com os(as) parceiros(as), e é quase certo observar alguém terminar um relacionamento em festas. Isso ocorre quando a pessoa descontente recebe a famosa gota d'água, ou seja, o(a) acompanhante pratica algum ato que faz seu limite de paciência ser atingido.

Geralmente, aproveita-se de algum deslize dessa pessoa para terminar o relacionamento. As faltas mais comuns são a bebedeira, a paquera com outra pessoa pega no flagra ou deixar aquela com quem se tem um relacionamento sozinha por muito tempo, jogada em algum canto, enquanto se dedica atenção a outras pessoas.

Pode-se ainda paquerar neste ambiente as pessoas desacompanhadas, e dentre estas elas se dividem em conhecidas que foram à festa e desconhecidas que também para lá se dirigiram.

Vejamos como paquerar as acompanhadas que não estão satisfeitas com seus parceiros. Neste caso, a paquera deve ser mais sutil, mais vagarosa, e o ideal é conseguir o telefone da pessoa, para sozinhos, outro dia, conversarem e até mesmo marcar um encontro.

Não acredite na história de que quando alguém termina um relacionamento precisa de um tempo para pôr a cabeça em ordem. Hoje em dia, a rapidez com que a vida flui faz as pessoas serem muito mais práticas que sentimentais.

A dica é conseguir algum meio de entrar em contato com a escolhida, por telefone, em primeiro lugar, e por terceira pessoa ou outra forma, se impossível o contato telefônico. Por meio direto, deve-se ter muita cautela, pelo fato de o parceiro poder arrumar confusão. Seja rápido e discreto se você fizer uso da abordagem direta, quando ele deixar a escolhida sozinha por alguns instantes, ou peça para alguma pessoa que seja amiga dela fazer isso por você. De preferência que seja outra mulher.

Não se deixe enganar e cair na tática de uma moça usá-lo para fazer ciúme ao seu parceiro. Geralmente você é o único machucado, emocional e fisicamente. Depois destas breves considerações, a paquera se desenvolve como uma desconhecida comum.

11.2.1 — Colegas Suas Que Foram à Festa

Para paquerar alguma conhecida que foi à festa, é necessário uma anterior preparação. Isso porque você não dispõe do fator surpresa e não é novidade. A única surpresa, caso você não tenha pre-

Paqueras em Festas

parado o terreno, é a sua abordagem. Ela pode ficar surpresa com o caminho trilhado pela sua conversa.

Mas, mesmo que você não tenha feito nenhuma preparação anterior, nosso método vai auxiliá-lo. Quando uma conhecida vai a uma festa desacompanhada, ela está em busca de diversão e companhia. As amigas que estarão lá com ela podem ser aliadas ou adversárias, dependendo do seu relacionamento com elas. Se você tem um bom relacionamento com as amigas dela, então significa que é muito amigo de todas, inclusive da paquerada, e por isso suas chances diminuem. Amizade demais atrapalha. Se você não tem amizade demais somente com a paquerada, mas relaciona-se de modo aberto e freqüente com as acompanhantes dela, então existe possibilidade de sucesso. Deve-se conversar de modo claro, em particular, com alguma amiga, e perguntar se ela já está atrás de alguém ou está sem ninguém em vista. Pergunte ainda se elas já estão ajeitando sua paquerada para outra pessoa. Isso porque se você não abrir o jogo as mulheres têm a mania de esconder estas informações, e você nunca saberá por que sua investida não deu certo. Utilize esta pessoas para aproximar-se, e depois de um tempo, com todos conversando, comece a dedicar atenção mais profunda à sua paquerada.

Em muitas vezes, dependendo do que as amigas podem fazer em seu favor, é conveniente sair dali, para outro local, acompanhado da paquerada ou marcar novo encontro outro dia, ou esse encontro fica em aberto para ser confirmado por telefone.

Se você tem amizade demais com a escolhida, uma abordagem malfeita pode comprometer essa amizade. A pessoa começa a esfriar com você. Então, seja mais sutil e nunca se esqueça de que paquera é jogo de estratégia e muitas vezes não se vence a guerra em uma única batalha. Faça uma preparação de auxiliares. Conquiste a amizade e a confiança das pessoas que cercam a sua escolhida, mas deixe sua amizade dar uma esfriadinha, como ficar certo tempo sem se ver ou conversar. Deixe de modo claro que você admira as qualidades dela para estes auxiliares somente quando você estiver pronto para dar o bote. Assim você não assusta a caça.

Aguarde algum momento em que ela esteja mais receptiva a um novo relacionamento. Geralmente isso ocorre quando algum outro relacionamento vai de mau a pior ou quando ele já acabou. Nas primeiras semanas em que a pessoa está sozinha, ela passa por um período de adaptação, porque ficou muito tempo namorando e os amigos deram uma sumida. E os locais que freqüentava com o antigo

142   *Como Conseguir uma Namorada e Envolver Pessoas*

namorado não são exatamente os mesmos em que ela irá agora. Enfim, a vida sozinha é muito diferente da vida a dois. Por isso, neste período, pode ser difícil encontrar esta pessoa.

Porém, se é difícil para você é também para os outros. E lembre-se de que ela vai pedir ajuda àquelas pessoas com as quais você preparou terreno para não ficar sem ambiente. É também com estas pessoas que ela sairá neste período.

Dessa forma, você tem a faca e o queijo nas mãos para abrir o jogo e pedir auxílio às pessoas que nesta fase da vida têm muita influência sobre sua paquerada. Elas podem arranjar encontros, combinar de saírem juntos, de irem assistir a filmes na casa de alguém ou outras modalidades de auxílio que você deve aproveitar ao máximo.

Um estranho e aqueles que não prepararam ajudantes não saberão em que local ela estará nesta fase, porque ela seguirá programas feitos pelas pessoas próximas, e são estas pessoas que lhe fornecerão toda informação e auxílio necessários.

11.2.2 — Desconhecidas Que Estão na Festa

As desconhecidas que estão na festa podem estar acompanhadas ou não. Cabe a você observar direito a situação, porque freqüentemente ocorre de pessoas compromissadas estarem longe umas das outras em um ambiente festivo. Já dissemos que isto pode até mesmo ser motivo de brigas.

Desconhecidas acompanhadas são um perigo e devem ser respeitadas ao máximo, porque você não sabe se ela é do tipo que dá bola, provoca o flerte, demonstra estar descontente com o parceiro, mas não larga dele nunca e corre para contar cada cantada que recebeu como se fosse a grande vítima. Mas se mesmo assim você pretende flertar com uma mulher nesta situação seja cauteloso e rápido. Aguarde ela ficar sozinha e faça a abordagem. Uma boa dica é esperar na saída de um banheiro feminino e usar até mesmo a técnica de pegá-la pelo braço. O objetivo é conseguir seu telefone ou do local em que trabalha.

Quando as desconhecidas estão desacompanhadas é sinal de caminho quase livre. Isto porque ela pode ter compromisso com alguém que não está ali, mas faz-se acompanhar de algum parente dele, como irmã, irmão, primo, etc. Mas isto não impede a utilização das técnicas de paquera e posteriormente de abordagem. Caso ela corresponda às técnicas de paquera, então deve-se desconsiderar a possibilidade de ela ter alguém, porque, se tiver, é problema deste alguém manter o relacionamento. Lembre-se de que se ela age assim é porque não está satisfeita integralmente com o relacionamento. Mulheres bonitas, sem ninguém, é sinal de problema à vista. Algum defeito oculto elas têm. São muito assediadas e podem escolher um bom parceiro dentre as várias opções que se apresentam e mesmo assim estão sozinhas, por quê? Geralmente possuem gênios fortes, escolhem demais ou têm problema familiar.

Desta forma, quando você for paquerar uma mulher linda, sozinha, em uma festa, seja cauteloso e não fique muito iludido à primeira vista. Conduza a conversa de modo a perceber tais problemas nas entrelinhas; não pergunte isso de modo direto.

Quase sempre as mulheres estão acompanhadas de amigas, e estas ficam apresentando seus conhecidos. Então, quando observar uma turma grande conversando, não fique receoso de paquerar. Podem ser todos amigos, e aquele sujeito com quem ela conversa animadamente pode ter sido apresentado naquele momento. Partindo da hipótese de que ela conversa com ele porque foi apresentado por alguma amiga, ele pode não ser do tipo que ela gosta e você continua com chance. Mas ainda por quanto tempo ele vai ter assunto? Quem não conhece as técnicas de paquera até pode falar muito, mas não conduz a conversa para o que interessa.

11.3 — Técnicas de Paquera Possíveis

Em festas, quase todo tipo de paquera é possível. No local de estacionamento da festa já se inicia a paquera quando alguém interessante estaciona ou passa próximo a seu carro. É uma variante da paquera no trânsito. Isto também pode acontecer no trajeto da festa e segue as mesmas regras de paquerar no trânsito, observada a interpretação analógica.

No ambiente festivo, o comum é a utilização da técnica de olho no olho, sorriso, deslocamento e posicionamento pelo local. É o básico de qualquer paquera. Dependendo do tipo da festa e da pessoa que você escolheu para paquerar é que você usará a técnica de ficar apagado ou muito exposto.

11.3.1 — Olho no Olho

Toda paquera inicia-se com um cruzar de olhares. Existe a exceção de paquerar-se o que não se viu quando este sentido falta, mas neste caso outro sentido supre esta ausência, e a observação que se faz da pessoa pretendida passa a ser por um conjunto de fatores. É tipo não tão raro de paquera, visto a grande quantidade de deficientes visuais. Mas vamos tratar das modalidades comuns, que olham tudo e fazem de um olhar indiscreto, penetrante, uma forma gostosa de se relacionar. Quem não gosta de ser visto ou de dar uma olhadinha em alguma parte bonita à mostra?

Nas festas, deve-se olhar tudo ao redor. Desde a parte física das pessoas até seus hábitos, e ainda todos os seus relacionamentos com as outras pessoas. Mas o principal é olhar dentro dos olhos das paqueradas. Elas sentirão sua presença e, se ficarem interessadas, um arrepio subirá pela espinha, na proporção da profundidade de seu olhar.

Os olhares devem cruzar-se em qualquer local da festa, quando sua pretendida estiver parada ou movimentando-se, sozinha ou acompanhada, observado o já exposto em item próprio do capítulo III.

11.3.2 — Sorriso

Nas festas, você observa as outras pessoas e elas o observam também. Por isso, faça-se sempre acompanhado de um lindo e envolvente sorriso. Sempre que cruzar com alguém, e neste instante ficar olho no olho com esta pessoa, estampe seu melhor sorriso.

O sorriso é marca registrada, e todos vão lembrar-se de você como sendo uma pessoa alegre e descontraída. Uma pessoa que não sorri tem fama de carrancuda e fechada, e isto atrapalha as relações profissionais e afetivas.

O sorriso muda a fisionomia, deixa a pessoa mais jovem, mais esbelta, mais segura de si. Sempre que alguém estiver triste, fechado ou acanhado, dê um sorriso, mas nunca, nas paqueras ou profissionalmente, dê um sorriso amarelo, forçado ou que expresse safadeza ou desprezo.

Ele é responsável por transmitir o estado de espírito da pessoa naquele instante. Se você está com vergonha, seu sorriso é sem vida; se está feliz, ele é radiante; se está surpreso, ele é sem cor, etc. Por isso, conhecer um sorriso pode auxiliá-lo a identificar uma pessoa que está lhe dando uma atenção maior que o normal e até mesmo flertando com você.

11.3.3 — Deslocamento e Posição

Deslocar-se adequadamente faz parte de um treinamento intenso e contínuo. A história do homem mostra que quem não se deslocou no momento necessário, e não atingiu e conquistou posições estratégicas, jamais venceu uma guerra. Na paquera, vale o mesmo raciocínio. É um jogo de estratégia, em que você atuará usando os conhecimentos adquiridos nesta obra e aprenderá a estar no local certo na hora certa.

Para que isso ocorra, jamais fique totalmente preso por causa de alguém ou alguma coisa. Você pode e deve permanecer conversando com alguém nos ambientes festivos, mas deixe sempre pronta uma desculpa para dar uma saidinha rápida, quando necessário. Não fique preso em rodas de amigos, esquecendo de vasculhar o ambiente.

Nunca dê mais valor à comida ou à bebida que seu deslocamento. Muitas pessoas sentam-se, enchem a mesa de guloseimas e enquanto não acabam não se levantam para nada. Se durante esta permanência for necessário deslocar-se, para ter uma visão mais ampla de seu alvo ou até mesmo aproveitar a oportunidade para realizar uma abordagem, não vacile. Não deixe a oportunidade passar porque ainda tem cerveja ou porções a consumir. Este tipo de coisa você compra em qualquer local, oportunidades, não.

As coisas consumíveis, como bebidas e comidas, só estão presentes para que você tenha ambiente agradável para posicionar-se. O objetivo maior é ter como ficar em um local para poder paquerar. O mesmo vale para os amigos. Nunca se deixe prender demais. Existem pessoas que querem absorver toda nossa atenção, e isto prejudica a paquera.

11.4 — Técnicas de Abordagens Possíveis

Em uma festa pode-se realizar muitas abordagens, pois poucas pessoas repararão nisto, devido à grande movimentação de todos os

146 *Como Conseguir uma Namorada e Envolver Pessoas*

presentes. Esse ambiente permite, assim, várias paqueras ao mesmo tempo. Recomenda-se abordar uma mulher sempre que a oportunidade surgir, mas, se você pretender abordar outra logo depois, escolha um local em que uma não o veja conversando com a outra.

11.4.1 — Abordagens Diretas

Sempre que você for realizar uma abordagem direta, lembre-se de estar seguro e não vacilar por nenhum instante. É como um golpe seco. Vá até onde está a paquerada e estabeleça o contato com ela. Inicie com uma pergunta simples e curta, conforme já ensinado, e desenvolva o assunto, falando sempre que perceber que a conversa está querendo esfriar, e deixe sua paquerada falar sempre que ela estiver disposta a isso. Não a interrompa. Quando você tiver a sua oportunidade de falar, trilhe por assunto que percebeu que ela gosta e no meio insira algo de que você domine, sem contudo esquecer de encaminhar a conversa para uma colheita de informações úteis, para uso posterior.

O objetivo é conseguir alguma informação que permita contato posterior com a garota, como seu telefone, onde trabalha, onde mora, etc. A conveniência de cada pergunta depende de sua habilidade na hora e do comportamento dela. Por isso, deve-se treinar bastante.

11.4.2 — Abordagens Indiretas

A abordagem indireta no ambiente festivo é sempre uma incógnita, porque você depende da atuação de outras pessoas, e já dissemos que isso pode ter resultados inesperados. Mas se as pessoas que irão auxiliá-lo são hábeis ou têm certa influência sobre sua paquerada então existe muita chance de sucesso.

Embora o contato telefônico seja frutífero, não se deve telefonar para uma moça que ainda você não conheceu, estando ela também na festa. Caso você peça o número do celular dela a alguém e ligue, ela fatalmente pedirá para você ir falar diretamente.

Nunca deixe passar por sua cabeça, ainda que de relance, a idéia de mandar presentes para alguém em uma festa. É desastroso e irrecuperável o resultado. A menos que seja festa de casamento e

Paqueras em Festas 147

você não teve a delicadeza de entregar o presente antes. Em ambientes de festa, o melhor é iniciar a paquera indo conversar diretamente com a escolhida ou indiretamente por terceira pessoa e prosseguir sempre depois por telefone.

Capítulo XII

Paqueras em Viagens

12.1 — Introdução

Viajar faz bem para a mente. E mente sã com corpo são fazem o homem irradiar energia positiva. Esta é a receita ideal para o sucesso: estar de bem com a vida e acreditar em tudo o que se faz. As viagens proporcionam bom ambiente de paqueras quando estamos longe de casa, a lazer, a trabalho ou outro motivo qualquer que não só a paquera. Aproveitamos estes momentos deliciosos para paquerar, mas eles não devem ser o motivo principal de estarmos ali. Paquera não tem hora nem local; por isso, a pessoa deve sempre estar preparada, porém isso não deve ser uma obsessão; a vida continua e deve ser saboreada com outras facetas, e nada melhor que aproveitar uma viagem.

Existem muitos meios de realizar uma viagem, dependendo do poder aquisitivo e da preferência de cada um. Não importa como você está realizando sua viagem, o que interessa é que está em um bonito local e tem em sua volta a possibilidade de relacionar-se com muitas pessoas.

Podemos paquerar pessoas que viajam conosco e outras que encontramos pelas nossas andanças, moradoras ou de passagem pelo mesmo local que visitamos. E as pessoas destes dois tipos ainda podem ser conhecidas ou desconhecidas. Vamos analisar como se comporta cada tipo em separado e discutir qual a melhor maneira de conduzir suas paqueras em cada situação proposta.

12.2 — Características da Paquerada

Algumas pessoas preferem viajar em grupo e outras, desacompanhadas. Estas não têm a vantagem de poder paquerar também as pessoas que estão no seu grupo.

Além de paquerar as pessoas que também estão viajando, pode-se paquerar pessoas que moram ou estão no local que você escolheu para visitar. Mas este tipo de paquera segue as mesmas regras dos outros tipos ensinados. Exemplo é que se pode paquerar alguém do comércio local. Aqui, trataremos sobre como paquerar pessoas que também estão viajando.

É muito comum as pessoas viajarem acompanhas de amigos e familiares, formando assim certo grupo restrito. Se fizerem uma viagem com seu próprio meio de transporte, hospedarem-se em casa ou apartamento particular e freqüentarem locais escolhidos ou já conhecidos por você, a paquera desenvolve-se como ensinado para outros locais, com a exceção de levar junto em sua turma alguém que você esteja paquerando. Neste caso, siga as mesmas regras de paquerar pessoas do mesmo grupo, com os devidos ajustes para sua situação particular.

Porém, você sozinho ou este pequeno agrupamento de pessoas podem vir a pertencer a um maior, formado pelas pessoas que irão ao mesmo destino e certamente se hospedarão em um mesmo local. Geralmente, essas pessoas adquiriram o mesmo pacote de viagem em agências de turismo. Provavelmente farão os mesmos passeios e conhecerão os mesmos locais indicados pelo guia. Em suma, vocês estarão juntos em muitas oportunidades.

12.2.1 — Vocês Estão Viajando no Mesmo Grupo

As pessoas que viajam juntas quase não têm privacidade uma em relação à outra. Isso devido à exposição constante e a enorme freqüência de encontros a toda hora. Para o paquerador, esta característica deve ser bem aproveitada para que ele não corra o risco de reverter o quadro e disso se transformar em desvantagem. Isso geralmente ocorre quando o apressadinho não prepara o terreno e espanta a caça.

Devemos respeitar o espaço da paquerada e não invadir sua privacidade. Nunca fique à espreita quando ela está se arrumando ou em momentos de descontração. Todos precisam ficar a sós por alguns instantes. Respeitando estas regras, a pessoa se sentirá segura e lhe dará maior atenção quando você abordá-la em várias outras oportunidades. Não é necessário que você faça uma marcação cerrada sobre a pessoa. Nesta situação, você tem muito mais contato com ela do que uma pessoa que pertence a outro grupo ou que de qualquer forma está fora do seu. Conduza a paquera sempre com consciência de que um só deslize fará a pessoa retrair-se e ainda achar que você não deveria estar ali no grupo, porque tira a liberdade dela.

Não importa se sua pretendente é conhecida ou desconhecida, dê espaço para que ela se sinta à vontade e solte-se, facilitando uma abordagem corretamente preparada. A seguir, estudaremos o que fazer sendo sua paquerada conhecida ou não.

12.2.2 — Vocês Estão Viajando em Grupos Diferentes

Quando várias pessoas estão viajando em grupos diferentes, elas têm privacidade relativa. Gozam de tal preceito quando estão na intimidade de seus aposentos ou em algum local com a turma a que pertencem, formando um bloco fechado.

Porém, ficam expostas ao meio externo quando fora de tais locais. Em várias oportunidades, esta pessoa deixará a companhia de sua turma ou seu quarto de hotel. Então, nestes momentos, existe a possibilidade de contato direto.

Estude o comportamento de sua paquerada e observe seus gostos e suas preferências. Verifique se está acompanhada ou se existe alguém por perto que a vigie para este parceiro. De qualquer forma, ela estará favorável a uma abordagem sempre que estas pessoas se afastarem.

O paquerador deve aproveitar estes momentos de exposição para realizar a abordagem. Estas regras gerais devem ser seguidas sendo a garota conhecida ou desconhecida. Mas existem outras, que serão detalhadas a seguir.

12.2.3 — Você já Conhece a Paquerada

Conhecer a paquerada significa vantagem em saber sobre seus gostos e preferências, mas desvantagem na amizade, que estraga o fator "desconhecido", ou seja, você não é novidade para ela.

152   *Como Conseguir uma Namorada e Envolver Pessoas*

Viajando no mesmo grupo, seu contato com a paquerada é direto e intenso, tendo você maior chance de demonstrar seu interesse de forma sutil e estudada. Não tenha pressa em realizar a abordagem. Esta viagem é uma boa oportunidade para ela perceber a pessoa bacana que você é. Aproveite este contato para desfazer possível imagem negativa que ela tenha a seu respeito. Brincadeiras leves e com pequenas insinuações em momentos de descontração dão um tom picante a sua relação. Ninguém gosta de pessoas fechadas e sérias demais.

Demonstre ser responsável e alegre. Nunca fique inativo. Coopere nos serviços e atividades que todos estarão fazendo. Escale-se sempre. Participe de todas as atividades e jamais fique fora das brincadeiras, mesmo que não sejam de sua preferência. Principalmente quando a paquerada também participar.

Quando sua paquerada viaja em grupo diferente, ela também já tem uma idéia formada a seu respeito. Se seu conceito não for negativo, ela lhe dará oportunidades de maior aproximação, porque as outras pessoas são desconhecidas. Existe uma tendência natural de as pessoas apegarem-se aos conhecidos quando longe de casa. Exemplo disso é a grande receptividade quando encontramos conhecidos em locais distantes. Todos se cumprimentam e agem como se fossem grandes amigos, respeitada a esfera íntima de cada um.

Não cultive demais a amizade nem relembre esta característica a ela. Ser amigo demais atrapalha. Aproveite a oportunidade para insinuar-se. Paquere como querendo sem nada querer. Seja sutil e não abra o jogo de início. Cultive a curiosidade. Deixe-a sempre sem saber sua real intenção. Exiba-se, deixando-se paquerar. Utilize roupas provocantes e, a certa distância, deixe-a ficar observando-o por alguns instantes.

12.2.4 — A Paquerada É uma Desconhecida

Sendo sua paquerada uma desconhecida, você nada sabe a seu respeito, e ela também desconhece seus hábitos, sua personalidade, sua cultura e tudo relativo à sua pessoa. Tudo é novidade para ambos. A única grande informação que você tem dela é a análise visual que fez e já sabe que o exterior lhe agradou.

Quando uma desconhecida viaja em grupo distinto do seu, ela só estará próxima a você quando ambos estiverem nos locais em que todos estarão, como em restaurantes, passeios comuns ou no hotel. Você já reparou o quanto ela lhe interessa, mas, quanto a ela, tem-se duas posições: ou também já notou sua presença ou ainda não o fez e deve ser estimulada a isso. A seguir, veremos como as técnicas de paquera irão preparar o terreno para uma abordagem segura em quaisquer das duas modalidades.

Se a desconhecida está viajando no seu grupo, a chance de vocês se encontrarem nas mais variadas oportunidades aumenta muito. Afinal, se existem pessoas com quem vocês têm amizade em comum, então existem possíveis aliados na paquera ou grandes problemas a serem enfrentados. Isso ocorre quando a pessoa que conhece a sua paquerada não facilita sua aproximação ou não dá brecha de ambos ficarem a sós.

Se você não sabe qual a posição real da pessoa que é comum aos dois, então não abra o jogo sobre seu interesse, para não correr o risco de ter adversários em vez de aliados. Realize tudo na surdina e paquere quando esta pessoa não estiver observando vocês. O segredo será a alma do negócio.

Da mesma forma que você tem curiosidade a respeito dela, ela terá em relação a você, se houver interesse. Este sentimento pode ser nato dela ou despertado por você em suas atividades, utilizando-se as técnicas de paquera.

12.3 — Técnicas de Paquera Possíveis

As técnicas de paquera servem para você se fazer notar pela outra pessoa e despertar nela algum interesse. Qualquer forma da qual você se utilize para atrair a atenção de uma pessoa pode ser usada para paquerar. Mas as formas mais comuns são o olho no olho, o sorriso, o deslocar-se por um local e a escolha do melhor posicionamento para paquerar ou abordar.

12.3.1 — Olho no Olho

Cruzar olhares de forma mais intensa e profunda que o habitual leva a pessoa a saber que há alguém querendo invadir sua esfera íntima e que isso ocorre porque existe uma atração latente.

154   *Como Conseguir uma Namorada e Envolver Pessoas*

Pessoas viajando olham tudo ao redor. Seu sentido visual está excitado. Percebem a menor variação de coisas conhecidas ou quando uma novidade está à vista. Cruzar olhares com pessoas nestas situações é realmente produtivo. Se você for conhecido, sua paquerada logo saberá que você a olhou de forma diferente, ou, se for desconhecido, ela saberá que algo mais estará por vir. Todas as paqueras iniciam-se por algum estímulo latente. Normalmente, é o visual, ao menos num primeiro momento. Por isso, dominar a técnica do olho no olho é fundamental para o sucesso das paqueras.

Olhar nos olhos de uma desconhecida é fazer uma sondagem. Mostra-se a ela, pela profundidade do olhar, que você está ali e que a deseja. Faça isso por breves instantes, em vários lugares, sempre que tiver oportunidade. Mas não a aborde no primeiro cruzar de olhares. Espere nascer a curiosidade. Quando estiverem próximos, em algum local, ela já saberá que você irá buscar seu olhar por instantes, e isso é sinal de que nasce entre vocês uma cumplicidade. Seja breve no olhar. Não canse ou provoque medo nela. Sempre existirá outra oportunidade.

Tratando-se de conhecida, também siga estas instruções, com a observação de nunca conversar com ela assuntos de amigos. Jamais seja confidente dela.

Desvie o assunto sempre que ela quiser fazer referências a outro homem. Trilhe por assuntos banais, com um leve tom picante de interesse. Em brincadeiras, podem-se dizer coisas profundas e que marcarão o subconsciente dela. Elogie seus dotes. Lembre-se de expor sua opinião sem cair no ridículo.

12.3.2 — Sorriso

O sorriso pode dizer mais que muitas frases. Dependendo da sua expressão, ele dirá algo de forma maliciosa, romântica, sensual ou cafajeste. Então será grande aliado para impressionar a paquerada, quanto a seu interesse até então oculto.

É universal. Significa que deve ser utilizado para conhecidas e desconhecidas. A amplitude de seus efeitos é imensurável. A energia que carrega pode baixar até a defesa mais resistente.

Quebram-se barreiras íntimas com um sorriso. Muitas pessoas mudam de opinião devido à influência de um sorriso. Nas paqueras ou nos negócios, ele é aliado de poder muito grande.

12.3.3 — Deslocamento e Posição

Sempre que existir alguma pessoa por perto, que despertou seu desejo, a melhor forma de observá-la é escolher um ponto bem localizado, que permita ampla visão sobre ela e sobre o local onde vocês estejam.

Ao andar por este local, em busca de posição estrategicamente colocada, aproveite para irradiar sua sensualidade. Todos têm dotes a serem explorados. A forma física serve para atrair e chamar a atenção, embora não seja a única forma de se realizar isso. Participe de jogos e brincadeiras sempre que sua paquerada for integrante ou estiver por perto. Dessa forma, exibe certo vigor que, aliado à descontração, é admirado por ela.

12.4 — Técnicas de Abordagens Possíveis

Obedeça o princípio do tempo certo e somente aborde a escolhida depois de ela perceber que você é pessoa animada e interessante. Escolha o local. Aborde sempre quando estiverem a sós ou quando não sofrerem influências externas. Nunca seja apressado. As boas oportunidades nem sempre surgem do nada; na maioria das vezes, é resultado de um grande esforço de preparação.

Qualquer que seja o assunto, você será bem-sucedido se dedicar esforço no conhecimento e aprimoramento das técnicas envolvidas. Nas paqueras é a mesma coisa. Sem se preparar para controlar a situação, nada de frutífero acontecerá. Para abordar uma mulher deve-se estar seguro e confiante. Planeje com antecedência onde tudo ocorrerá. Não tente decorar frases inteiras, porque, se esquecer algo, você perderá o controle da situação. Utilize frases curtas e simples na abordagem e no desenrolar do assunto. Seja natural.

12.4.1 — Abordagens Diretas

Todas as abordagens diretas podem ser utilizadas em uma viagem. Dependendo do local que você escolheu para abordar a paquerada, é a técnica que utilizará no momento. Pouco importa se ela é conhecida ou desconhecida para o resultado da abordagem. O que

156   *Como Conseguir uma Namorada e Envolver Pessoas*

vai ser determinante é o fato de a paquera ser bem realizada e de você já ter percebido que existe algum interesse por parte da garota. Em caso afirmativo, ela cooperará na abordagem e no prossegui-mento da conversa, que virá logo em seguida. Mas se você foi apres-sado e decidiu abordar antes de ter executado a contento as técnicas de paquera a abordagem estará comprometida.

Pessoas já conhecidas podem ser abordadas mais facilmente no tocante ao ato de você ir conversar com elas, mas o desenrolar da conversa é sempre mais delicado, por isso classificamos de dificul-dade relativamente igual a abordagem de pessoa desconhecida, em que o primeiro contato é mais difícil, e o desenrolar da conversa, mais fácil.

No hotel, nos passeios, no restaurante ou em qualquer outro local sempre existe a possibilidade de abordar-se diretamente uma pessoa. O fato de ela estar viajando em nada diferencia a abordagem das ensinadas para outros locais. Exemplo disso é a igualdade de abordar alguém, apresentando-se em uma mesa de bar e sentando-se, desenvolvendo uma conversa saudável e produtiva, e realizar este mesmo ato em um outro bar ou restaurante quando se está viajando.

12.4.1.1 — Método paliativo

Trata-se de um método de quebrar o gelo e abordar pessoas desconhecidas quando as técnicas de paquera não puderam ser efe-tuadas satisfatoriamente. Funciona da seguinte forma: toda vez que você paquerar pessoa desconhecida que não dá brecha de paquera ou de você se aproximar de qualquer forma, isolando-se em grupos fechados, deve-se invadir a esfera íntima dessa pessoa de maneira que ela não ofereça repulsa e vá se acostumando com sua presença.

Imaginemos um pequeno exemplo que você deve adaptar para suas necessidades e fatos concretos. Em uma excursão, existem três moças que só conversam entre elas e tudo o que fazem também só gira entre elas mesmas. Nunca dão chance de alguém de fora entrar neste seleto grupo.

Então, sempre que tiver chance, aproxime-se de maneira rápi-da e saia. Uma boa maneira é pedir a uma delas que bata uma foto sua com alguma imagem linda de fundo. Você terá chance de alguns segundos de conversa sobre qual o cenário que deseja. Não estique a conversa, agradeça e saia. Assim, você fez um primeiro contato sem demonstrar nenhum interesse, e elas não recusariam este pequeno

Paqueras em Viagens

trabalho de auxílio mútuo. Pedidos pequenos e simples, cuja execução seja rápida e sem exigir esforço, não são recusados.

Depois de algum tempo peça de novo outra foto sua acompanhada de alguém ou sozinho. Novamente saia sem esticar a conversa, mesmo que tenha oportunidade, porque pessoas que se fecham em grupos têm mania de repelir quem tenta entrar em seu meio. Enquanto uma lhe faz o favor, as outras o observam.

Após algum tempo, ainda no mesmo dia, pergunte algo sem pedir nada e com a resposta saia de perto, como: "você sabe onde tem um banheiro?" ou "onde você comprou este filme? Estou precisando de um" ou ainda, "você viu o guia? Onde fica aquilo que ele disse?".

Obtida a ajuda, saia e vá para longe delas. Fatalmente as moças comentarão algo a seu respeito e você já começa a não ser desconhecido para elas. Elas irão se acostumar com sua presença aos poucos, paliativamente. Você não as curou da desconfiança, mas amenizou seus efeitos com doses homeopáticas de exposição pessoal.

Agora já não é tão estranho. Depois de dois ou três dias, elas já estarão até mesmo pedindo algo também a você. É aí que sua sensibilidade dirá se você vai optar por uma abordagem direta ou indireta.

12.4.2 — Abordagens Indiretas

Fecundas em muitas situações, elas substituem as diretas quando estas não são convenientes, por expor demais a pessoa, ou quando é impossibilitada a aproximação. Muitas vezes, são complementares das abordagens diretas já realizadas. Exemplo disso é quando se telefona ou envia presentes a uma paquerada, depos de ter conseguido este número ou endereço pessoalmente.

Nas viagens é possível conseguir aliados entre pessoas que viajam conosco ou entre empregados de hotéis e comércio local, mediante uma gorjeta. Esta terceira pessoa trabalhará a nosso favor se soubermos primeiro cativar sua atenção e confiança. Sendo amigos, elas o farão por amizade, e sendo desconhecidos, por gratificação. As vantagens e desvantagens desse tipo de abordagem foram discutidas em capítulo próprio. Não recomendamos dar presentes para quem está viajando. Aumenta a bagagem e já tratamos das desvantagens. Internet e mensagens estão totalmente descartadas nesta situação. Ninguém as utiliza para paquerar quando está viajando.

CAPÍTULO **XIII**

Influência do Porte
das Cidades

13.1 — Introdução

O porte de uma cidade determina o modo de vida de seus moradores e isso influencia de forma decisiva o comportamento das pessoas, refletindo nas paqueras e em todas as relações pessoais e profissionais.

As paqueras em cidades de portes diferentes seguem as regras comuns ensinadas, mas cada qual tem suas peculiaridades.

A vida pacata de uma cidade interiorana contrasta radicalmente com a agitação de grandes centros. O modo como as pessoas de cidades diversas agem, pensam, desenvolvem gostos e preferências recai diretamente sobre a forma com que elas permitem uma invasão em seus territórios íntimos. Em pequenas localidades, tudo passa como uma grande família, e todos sabem da vida de todos. Diversamente, em grandes cidades, ocorre um individualismo maior e conseqüentemente maior privacidade. Tais características serão ricamente discutidas a seguir, porque são fundamentais para quem deseja paquerar e envolver pessoas.

13.2 — Paqueras em Cidades Pequenas

Em pequenas localidades a vida parece estacionar. O tempo parece não passar, e as pessoas acomodam-se em projetos de vida

160 *Como Conseguir uma Namorada e Envolver Pessoas*

muito simplórios. É comum o hábito de freqüentar por horas a residência de amigos.

As cidades pequenas oferecem como vantagem a facilidade de obter informações a respeito da paquerada. Há pouca oferta de locais dedicados a entretenimento, e os pontos de encontro são sempre os mesmos.

Já ter em mente qual pessoa vai paquerar é uma característica que ajuda em muito o paquerador, pelo fato de ele ter quase certeza de encontrar a paquerada no referido local. Ela só não estará lá caso tenha viajado ou não saído de casa. Se saiu, deve ir até lá, porque não existe outra opção.

Caso você não saiba ainda quem será a escolhida para paquerar, uma pequena volta pela cidade já dá uma amostra quase global de suas possibilidades. Geralmente à tarde, em finais de semana e feriados, todos se dirigem a um local para ficar batendo papo e se paquerar. Sendo assim, é só o paquerador dirigir-se até este local e escolher sua pretendente ou ficar à espreita de alguma que resolva flertar.

A utilização das técnicas de paquera aqui ensinadas garantem retorno grande. Mas o local tem características próprias que facilitam ou dificultam o resultado. Vamos analisar.

As pessoas já sabem se você é da cidade ou de fora e, neste último caso, se tem parentes na localidade ou somente amigos. De qualquer forma, como a cidade é dividida em turminhas, todos já têm uma noção de onde você se encaixa. Se esta turminha que você teoricamente faz parte goza de boa reputação com a paquerada, então suas chances aumentam muito, mas, do contrário, o queima às vezes de modo irreparável.

Uma outra característica marcante é o fato de todos saberem quem gosta de quem, se alguém está com relacionamento firme com esta pessoa ou se ela está disponível. Muitas vezes alguém mantém um relacionamento com uma pessoa por vários fatores e realmente gosta de outra. Nestas localidades é fácil descobrir isso.

Ainda há o fato de ser facilmente identificável as pessoas da relação da paquerada e utilizar isso na obtenção de aliados para a abordagem indireta.

Há também o inconveniente de todos saberem de tudo o que ocorre. Assim, caso você se dedique a paquerar alguém, todos estarão conhecendo o fato e isso dificultará novas investidas em outras

Influência do Porte das Cidades 161

pessoas. Em localidades pequenas é difícil iniciar e manter duas ou mais relações ao mesmo tempo.

Um bom conselho é não ter amizades demais com pessoas que possam ser alvo de suas paqueras. Assim, você sempre será novidade e carregará um ar de mistério consigo. Amizade demais estraga porque ao abordar a paquerada e revelar suas intenções, ela geralmente preferirá repelir o pretendente para manter o amigo. Da mesma forma, não dê motivos que possibilitem comentários negativos a seu respeito. Não mantenha amizade com homens e jamais revele a algum deles suas intenções. Muitos têm paixões secretas, e se sua paquerada for exatamente essa pessoa, você acaba de adquirir um rival que geralmente age às escondidas, fazendo papel de seu amigo por frente e o ferrando por trás.

No caso de você ser membro integrante dessa comunidade, seu fator surpresa e a curiosidade natural que todos têm do desconhecido não existe. Todos saberão tudo a seu respeito. Para paquerar, você deve seguir as instruções de jamais se expor demais e não ter amizade com paqueradas em potencial. Mas é de boa conduta manter um círculo de amigos para ter ambiente onde quer que você esteja. Esses amigos permitem que você se coloque estrategicamente para paquerar e abordar a pretendida.

13.3 — Paqueras em Cidades de Médio Porte

Em cidades de médio porte, alguns o conhecem e outros não. Ao observar uma paquerada e estudar suas atividades, você corre o risco de ambos terem amigos em comum. Lembre-se de que você é novidade somente para algumas pessoas, e outras ao menos conhecem sua família.

Caso sua família goze de algum destaque social, você ganhará pontos se seu caráter for reto. De nada adianta a família ser bem conceituada se você não segue esta regra.

Em tais localidades é difícil manter dois relacionamentos. Se você sempre se dedicou a alguém muitos saberão, devido à privacidade relativa que as pessoas destas cidades desfrutam no tocante a suas vidas particulares e afetivas.

Se determinado local, onde todos vão para divertir-se, está ruim, fatalmente existirá poucas opções para socorrê-lo. Em contraparti-

162 *Como Conseguir uma Namorada e Envolver Pessoas*

da, é relativamente fácil encontrar determinada paquerada porque não existe muitos locais para ela freqüentar.

Portanto, já sair de casa tendo uma idéia de quem será alvo de suas paqueras coloca o paquerador em condições de saber onde provavelmente ela estará. Nas ditas cidades de médio porte as classes sociais têm certa separação, e cada qual freqüenta locais determinados. Como você já deve ter levantado as informações básicas sobre sua pretendida, fatalmente saberá onde ela gosta de ir.

Se não faz idéia de quem será a sua escolhida e saiu à procura de alguém, então é só escolher o nível social da pretendida e freqüentar um local compatível com sua escolha. Lá, com certeza, estarão várias moças que se enquadram no perfil que você traçou.

Para abordar uma escolhida, qualquer que seja o local por ela freqüentado, é só agir de acordo com as técnicas de paquera e de abordagens ensinadas em capítulos próprios. Mas, para conseguir informações a respeito dessa pessoa, você deve respeitar as peculiaridades aqui discutidas.

13.4 — Paqueras em Cidades Grandes

Em grandes cidades a vida flui de modo diverso. Existe uma correria em todos os setores, e este fluxo de pessoas torna possível muitos contatos sem que exista prévia programação. Todos os dias você estará encontrando pessoas novas.

Poucas pessoas deste grande centro o conhecem, e a maioria nada sabe a seu respeito. Você corre pouco risco de ter amigos em comum com sua paquerada. Você é novidade para a maioria. Se de um lado isso dificulta encontrar pessoas para jogar no seu time, e de modo indireto auxiliá-lo com a paquerada, por outro você não corre o risco de algum falso amigo estar estragando suas paqueras. Da mesma forma, dificilmente alguém fará comentários negativos que repercutam sobre sua paquera.

Se sua família for famosa e o destaque de que ela gozar for grande, alguns o conhecerão pessoalmente e sempre que você chegar a algum local será notado. Outras pessoas conhecerão somente a reputação de sua família e não perceberão diretamente sua presença. Mas tão logo alguém comente que você está ali pertinho, fatalmente

Influência do Porte das Cidades 163

ao menos alguém olhará para conhecê-lo. Isso facilita a paquera e a abordagem.

Caso sua família não tenha tal expressão social, não há problema algum. Você continua sendo novidade para sua paquerada, e essa curiosidade natural do desconhecido será sua grande aliada.

Caso você tenha dedicado uma parcela significativa de sua vida a alguém, pouquíssimas pessoas saberão. Assim, você pode dizer a uma dada pessoa que faz muito tempo que ela lhe interessa, com uma possibilidade quase nula de ela conhecer a verdade sobre seus sentimentos anteriores. Fica difícil ela levantar informações sobre a extensão de seus relacionamentos anteriores.

Com isso, podemos concluir que nestes centros gozamos de uma privacidade quase absoluta em nossos relacionamentos. Digo quase absoluta porque onde menos se espera existe alguém para bisbilhotar a vida alheia. Por isso, quando fizer algo que requeira sigilo, cubra-se de todos os cuidados.

Se em centros menores não existe variedade de opções para sair e passear, nos grandes centros, quando você vai até um local e está ruim, existem muitas opções de outros lugares para socorrê-lo. Em contrapartida, se esta riqueza de possibilidades favorece uma paquera quando não se tem alguém determinado em mente, saindo à caça, ela dificulta em muito encontrar uma dada pessoa quando não se sabe exatamente onde ela vai estar. Sair para procurar é dar tiro no escuro, com raras chances de acertar.

Capítulo XIV

Dicas, Verdades e Mentiras

14.1 — Introdução

Aqui, detalhamos tópicos esparsos que, embora não se agrupem de modo didático a outros capítulos, são de suma importância. Tais assuntos devem complementar aquelas lições anteriores e, sempre que possível, ser praticados no dia-a-dia. Afinal, de que vale um conhecimento se ele não for usado?

Muitas das colocações que fazemos aqui são contrárias a costumes e ditos populares, mas quem gera os costumes e ditos são os integrantes da massa, do povão, e eles são a maioria, que acham que já sabem todas as técnicas lecionadas, mas que o insucesso de suas vidas mostra o contrário.

Aquela minoria, que se comporta de forma a parecer que tudo para eles dá certo, é que intuitivamente age de acordo com nosso método. Age com intuição maior ou menor e faz disso seu estilo de vida. Sabe que, agindo assim, consegue determinado resultado, mas não explica o porquê. Também não possui o conhecimento integral do método, visto agir por intuição, mas estudando e praticando você controlará as situações com inteligência.

14.2 — O que as Mulheres Gostam de Ver em um Homem

Existem homens que vêem os acontecimentos e os que são vistos realizando estes acontecimentos. Em qual categoria você se enquadra?

166   *Como Conseguir uma Namorada e Envolver Pessoas*

As mulheres notam os homens que fazem de suas vidas algo especial. Especial pode ser algo grandioso ou simplório, mas que se destaque do comum, do vulgar, do cotidiano.

É claro que existe variedade muito grande de tipos de mulheres, e cada qual repara em um detalhe diferente nos homens, de acordo com suas preferências pessoais. O que estamos querendo fazer você entender é que não importa o tipo ou o padrão de uma mulher, ela fatalmente reparará em algo que se destaque.

Este destaque pode ser positivo ou negativo, de acordo com a preferência dela. Assim, temos algumas mulheres dinâmicas que se sentem atraídas por homens elegantes, inteligentes, o dito intelectual, valorizando o que sobressai nele de modo positivo, e outras que morbidamente buscam amparar alguma deficiência dele, realizando o papel de protetoras, sempre se envolvendo com homens problemáticos, observando seu destaque negativo.

O histórico, ou a ficha que você vai levantar de sua paquerada, dá uma segura indicação de qual modalidade ela se encaixa. Desta forma, você pode escolher a melhor maneira de conduzir sua paquera, de modo racional, e quando utilizar de uma técnica de abordagem o assunto trilhará de acordo com estas informações anteriores.

Mas se a mulher é uma desconhecida, e você está desbravando território novo, então não há como saber de antemão estas características. Porém, a forma com que o assunto desenrola acaba dando sempre indicações sobre estas tendências. Fique atento para perceber estas ricas informações nas entrelinhas de vários assuntos.

Captada a tendência dela, mostre-se como ela gostaria de vê-lo. É teatro sim. Você precisa representar. E como fica sua própria personalidade? Fica mais rica com este treino de representação.

14.3 — Com o que a Maioria Delas se Decepciona

A grande maioria das mulheres decepciona-se quando os homens não se preocupam com detalhes que elas julgam essenciais.

Muitas vezes, esses detalhes são simples, e com um pouco de atenção muita mágoa e dor de cabeça podem ser evitadas. Um exemplo disso é esquecer a data do aniversário dela, do início de seu namoro, de suas preferências de cardápio, de roupas, de música e arte, etc.

Uma boa agenda, bem anotada, resolve estes problemas se periodicamente você repassar as informações que ela contém. Mas outras vezes a decepção provém de algo grande, profundo, que marca. Aí o que causou isso não foi um simples descuido, mas sim uma atitude pensada, realizada com consciência de que se aquilo viesse a público magoaria a outra pessoa. É o caso dos adultérios e traições.

A certeza da impunidade faz muitas pessoas avançarem cada vez mais o sinal e repetirem situações que magoam e decepcionam com grande freqüência. Isso gera um outro tipo maior de decepção. A pessoa até se conforma com o abuso inicial, mas quando ele se repete ela se sente ferida como pessoa, não no tocante àquele detalhe. Então ela passa a ver os defeitos do opressor: "é... esta pessoa não tem jeito mesmo... não muda... vai ser sempre assim... preciso cair fora dela".

Dentre as campeãs de decepção estão a traição, a mentira e a conduta. Esta última engloba itens como grosseria, bebedeira, falta de aptidão para o trabalho e vícios ilegais, tais como roubos, drogas, etc.

14.4 — Roupas e Idade

A imagem é tudo. Na concepção das outras pessoas nós somos aquilo que elas vêem e interpretam a nosso respeito. É claro que, após uma análise mais detalhada, as pessoas podem mudar de opinião a seu respeito. Mas isso ocorre num segundo momento, porque, em princípio, a análise que elas fazem é visual. Esta é uma característica do ser humano.

Por isso, a adequação entre seu porte físico e as roupas que você usa deve ser perfeita. Muitos truques de combinação melhoram resultados negativos, como uma roupa mais solta para esconder a gordurinha em excesso e outros, mas use-os com moderação. Não exagere em nada.

Cada personalidade prefere um tipo de roupa. Assim, uma pessoa que está observando você em um primeiro momento terá uma vaga idéia de como você é pela qualidade e tipo de roupa que usa.

Roupas podem deixá-lo mais velho ou mais jovem, dentro de certos limites, e por isso você deve escolher qual imagem deseja transparecer às outras pessoas. Não caia no ridículo de querer parecer muito mais jovem do que é ou ficar muito mais velho.

Aprenda que cada idade tem sua beleza e sua sensualidade própria. Todas as idades têm seu charme, e vestir-se adequadamente realça isso.

Quando na idade madura, destaque-se pela segurança, pelo conhecimento, pela experiência. Na tenra idade, valorize-se pelo vigor, pela energia, pela disposição. Mas se quando jovem ou maduro você conseguir reunir um pouco de cada uma das qualidades que o outro grupo possui, então certamente, além de viver intensamente, você vai contagiar os outros com sua aura de vida.

Isso não quer dizer que jovens devem vestir-se como adultos mais velhos e vice-versa. Pode até ter um tempero, uma ou outra combinação de roupas que destaquem ou evidenciem que o corpo encontra-se em determinada idade e o espírito, em outra. O meio-termo e a razão devem prevalecer. Use seu desconfiômetro.

De nada adianta um velho vestir-se como jovem e ir paquerar brotinhos nos locais que este grupo gosta de freqüentar. Será um caso de extremo ridículo e grande fracasso. Mas vestindo-se de acordo com sua idade, realçando seus dons, destacando-se com classe e elegância, é possível que consiga algum brotinho, alguém de meia-idade ou até mesmo de sua própria idade. Isso porque é comum pessoas de idades diferentes terem relacionamentos assim como pessoas de mesma idade. O importante é sentirem-se bem e manterem um relacionamento sadio.

O mesmo raciocínio vale para pessoas jovens que desejam mostrar-se mais velhas. Todos dirão que ela usa as roupas, o carro e os objetos do papai.

14.5 — Qual o Momento Ideal para Telefonar

O telefone permite que em dada hora seja possível conversar com a paquerada e, devido à distância, fazer uso maior da desinibição, para conversar sem engasgar e conseguir já ir encaminhando as coisas para que vocês fiquem juntos.

Dicas, Verdades e Mentiras 169

Nesta fase do telefonema deixa-se um pouco mais claro que no encontro inicial o desejo de conhecer melhor a outra pessoa, mas isso sem deixar de modo totalmente expresso. Todos sabem que o objetivo é esse, mas se for declarado perde o encanto e não funciona. Durante a conversa, conduza os assuntos a um convite para saírem juntos. Este encontro direto é o maior objetivo de um telefonema.

Toda vez que se consegue um telefone considerado produtivo, dá uma vontade louca de chegar em casa, pegar o telefone e ligar. Mas se você fizer isso estará cometendo um grande erro.

No dia em que se conhece alguém, esta pessoa pode ter lhe dado o número de telefone por vários fatores. Ou você realmente acha que foi porque ela ficou tão impressionada com você, que assim que você ligar ela se derreterá toda? Acha mesmo que você é tão poderoso a ponto de despertar interesse de cara? Então deve ter milhares de mulheres lindas e maravilhosas no seu pé? E por que você está lendo este livro?

Se foi uma pessoa conhecida que deu o número de telefone para você, então é preciso verificar muito bem se houve um clima favorável a uma paquera ou se você fantasiou. Caso tenha pintado um clima, prossiga de acordo com o que conversaram. Como ela já o conhece, não existe a fase de descobrir como você é para depois ambos marcarem um encontro.

Porém, se foi uma pessoa que você conheceu naquele momento em que conseguiu o número, então a curiosidade de conhecê-lo deve ser despertada. Em um primeiro momento ela pode ter dado o número, mas com pouco ou nenhum interesse por você. Ela desejava conhecer outras pessoas; afinal, saiu para paquerar e ser paquerada, e para aproveitar a saída deve conhecer pessoas tal qual imaginava ao arrumar-se.

Bem, é daquela pessoa que ela imaginava que encontraria ou daquele homem em especial que ela deseja é que ela espera receber telefonemas nos dois primeiros dias.

Passado este período, caso nenhum deles tenha ligado ou se ligou não teve muito bom desempenho na conversa, ela começa a pensar nas outras pessoas que receberam o número de telefone.

No terceiro dia, ela ainda se acha a tal, a musa adorada por todos, e como você não vai ligar ela começa a ter este castelo destruído. Cada vez que ela olhar para o telefone e ele continuar mudo ela começará a sentir-se rejeitada.

170   *Como Conseguir uma Namorada e Envolver Pessoas*

No quarto dia as forças de resistência já se esgotaram e, quando você ligar, terá maiores chances de ser bem recebido.

É claro que isso depende de se outras pessoas nas quais ela estava interessada já não ligaram antes de você. Porém, se ela já estava interessada em outra pessoa, sua chance seria muito pequena de qualquer forma. E considere ainda que, mesmo estando interessada em outra pessoa, seu telefonema, seguindo este método, desperta a curiosidade dela sobre o porquê de você não ter ligado antes. "Será que é tão ocupado assim? Será que tem alguém? Será que primeiro ele ligou para outra garota mais interessante?".

No conduzir de uma boa conversa, depois de alguns telefonemas, é possível marcar um encontro e diretamente abordar de modo preciso a pessoa desejada.

Mesmo que você seja a tão sonhada pessoa que ela deseja, não ligue rápido; siga as instruções aqui descritas porque a curiosidade e a vaidade feminina devem ser domadas na medida correta.

14.6 — Marketing Pessoal

Todos deveriam aprender muito sobre este tema. Como todos os outros, ele é fundamental nas paqueras, mas também tem uma peculiaridade muito grande na vida: "sem ele não há sucesso".

O marketing atua nas relações humanas desde que o homem caminha na Terra. Divulgar fatos e coisas tornou-se até necessidade de sobrevivência. Muitos povos guerreiros eram tão temidos que mesmo antes de chegarem a algum local os inimigos já tinham debandado.

Contaram-se fatos heróicos e de bravuras, levaram-se ao longe as qualidades de algum produto e atravessaram o tempo passando de pessoa a pessoa informações sobre as mais variadas coisas.

Marketing pessoal é mais que propaganda, é fazer a pessoa que recebe a informação associá-la a quem ou a que se atribui a qualidade.

Hoje, divulgar um marketing pessoal positivo é garantir sucesso na carreira profissional, nas relações pessoais e, sobretudo, na vida sentimental.

É diferente de sair contando vantagens e espalhando a todos que você é dotado desta ou daquela qualidade. A divulgação deve ser realizada de forma coesa, aos poucos, sem exagero.

O modo como você se veste, trabalha, pensa, relaciona-se, como é seu carro e sua casa são expressões mudas de seu marketing pessoal. Transmitem aos outros informações a seu respeito. São as ações do dia-a-dia que farão seu marketing pessoal. Todos o estão observando. Mas ninguém vai sair falando bem de seus dons, se você mesmo não valorizá-los. Sua conduta séria mostra o profissional que você é, a segurança de manter a palavra empenhada expõe até que ponto as pessoas podem confiar em você. Mas são pelos que o cercam, pelas pessoas com quem você realmente se relaciona que você será analisado. Vale o dito popular: "diga-me com quem andas e te direi quem és...".

Faça pessoas de boa expressão ficarem sabendo, de modo sutil, tudo o que você faz de bom, das suas conquistas, da sua cultura, de suas viagens, de seus cursos, de eventos que freqüentou, etc., mas tudo de forma discreta e humilde. Não deixe transparecer que é exibido. Jamais fale de suas aspirações. Nunca deixe que alguém deste círculo conheça seus sonhos... transpareça que já alcançou tudo o que sonha.... assim dirão que você é um vencedor, não que ainda vai vencer.

Estas pessoas trabalharão seu marketing pessoal a cada instante; são os jogadores de seu time.

14.7 — Carros

A história da humanidade mostra que em cada época determinado objeto foi o sonho de consumo. Cada qual representava *status* ou posição social dos seus detentores.

Hoje em dia, o grande sonho de consumo de milhões de pessoas é um carro moderno, bonito, cheio de acessórios e que lhe dê condições de exibir-se aos amigos. As empresas gastam milhões com a mídia para manter acesa essa chama de consumismo.

Assim, é comum que muitos digam: "assim que receber determinado dinheiro, de sorteios ou de herança, comprarei tal carro...".

Uma pessoa, ao desfilar com um carro, está dando uma amostra de seu poder econômico, segundo a crença popular. Embora nem sempre reflita a verdade, geralmente pessoas bem-sucedidas possuem bons carros.

Todas as pessoas querem ter em seu círculo de relações pessoas bem-sucedidas. Desta forma, tanto nos negócios quanto nas paqueras mostrar que você venceu na vida dá segurança às pessoas que irão se relacionar com você.

O carro representa sua vestimenta móvel. É ele uma armadura que envolve e protege. Representa um refúgio, em que seus usuários podem ter certa privacidade. É como se fosse uma extensão da casa de seu dono. Sua limpeza e conservação refletem o zelo que você tem com ele e com suas próprias coisas.

Muitas vezes, é dentro de um carro que você desfruta de razoável intimidade, pela primeira vez, com sua paquerada. É com ele que vocês irão passear e comentar sobre os locais por onde passaram. Assim, há uma descontração natural com certa reserva. Afinal, ninguém sabe o que conversam lá dentro.

Mas não é qualquer carro que possibilita boas paqueras, nem dá o *status* que você deseja. Se você tiver um carro atraente, novo, suas chances de sucesso nas paqueras aumentam. Isso porque num primeiro contato sua paquerada nada sabe sobre você, e é no seu carro que ela vai olhar para saber algo a seu respeito.

Quando você está andando a pé, as mulheres reparam nas suas roupas, mas motorizado é seu carro que vai ser sua vestimenta.

Roupas e carros de boa qualidade fazem a mistura ideal que você precisa para ser notado com destaque. Vai construindo seu marketing pessoal.

O carro não é tudo, mas serve para proporcionar um primeiro contato, pois se você estiver em um carro que ela admira, é seu sonho de consumo, então ela facilitará a abordagem. Fica mais fácil desenvolver a conversa porque ela está mais receptiva. Existem mulheres que não valorizam isso, mas são minoria.

14.7.1 — Verdades e Mentiras sobre Veículos

Carros não impressionam, segundo algumas pessoas que dizem não se influenciar por valores materiais. Mentira delas. Se você for analisar seus bens, sua casa, suas roupas, etc., verá que elas são consumistas como qualquer um.

Outras pessoas dizem que carro não faz moral alguma. Ledo engano. Se até os homens olham quando passa um carro bonito, imagine se as mulheres não vão olhar. As motos seguem o mesmo raciocínio.

Alguns dizem que os acessórios influenciam na moral que o carro faz. E gastam uma fortuna equipando-o com toda a parafernália que existe. Mais um terrível engano. Deveriam gastar este dinheiro trocando seus carros por um modelo mais novo. Se for um modelo novo, coloque apenas acessórios leves e necessários. É como maquiagem. Demais pesa e destoa.

Existe uma marca de carro que é melhor que as outras, segundo crença de muitos conhecedores do ramo. Mais uma vez revelam desconhecimento do assunto. O melhor modelo de veículo ainda é, e continuará sendo por muito tempo, o modelo NOVO. Um carro novo, ainda que simples, impressiona muito mais que um modelo mais velho, totalmente equipado.

14.7.2 — As Mulheres e Suas Preferências

Dependendo da classe social, da cultura e da idade da paquerada, ela terá uma preferência maior por este ou aquele modelo de carro, mas lembre-se de que se você tiver de optar por um carro mais caro e mais velho, prefira um mais simples e novo.

As mulheres são muito mais detalhistas e caprichosas que os homens. Preferem carros mais originais aos cheios de frescura. Os itens velocidade e potência tão cultivados pelos homens não desfrutam de tanta obsessão pelas mulheres.

Conforto e praticidade representam para elas muito mais que os cavalos debaixo do capô. Um item fundamental para elas é a direção hidráulica. Se tiver ar-condicionado, melhor ainda.

Um som discreto proporciona um ambiente agradável no namoro. É essencial ter um, mas não é necessário ser uma discoteca. Existem bons modelos que tocam CDs.

Carro deve ser limpo, perfumado e sem objetos pessoais balançando pelo console. Não deixe preservativos à mostra ou papel higiênico no porta-luvas. Pega mal. Cuidado ainda com objetos que outras mulheres porventura esqueceram no seu carro. Mães e irmãs podem fazer isso, e você terá dificuldades para explicar a verdade.

14.8 — Como Utilizar as Técnicas de Paquera para Envolver Pessoas

Toda vez que alguém sai de casa e encontra uma pretendente, ocorrem vários pensamentos a respeito daquela pessoa. Quem paquera está na ofensiva, expõe-se, mesmo que sutilmente declara suas intenções. E para fazê-lo invade a esfera íntima da pessoa paquerada. Já a pessoa paquerada está na fase oposta. Sabe que está sendo sondada, que o oponente deseja vasculhar seu território íntimo e permite que isso ocorra enquanto sentir segurança e dominar a invasão. Estas duas posições antagônicas ocorrem simultaneamente e em ambas as pessoas. É como corrente alternada, que muda a cada instante. O que diferencia a pessoa que paquera da que é paquerada é o fato de o paquerador permanecer a maior parte do tempo na ofensiva.

Mesmo aquela pessoa que aparentemente não notou sua presença e age como se desconhecesse por completo sua existência, por alguns instantes, ainda que em frações de segundo, varreu você como uma sonda quando cruzaram olhares.

Ela não o encaixou nos padrões do que ela procura ou gosta, por isso se faz de alienada, fechando seu mundo íntimo à sua aproximação. Está de guarda levantada contra todos os que não se moldam àqueles padrões. Cada pessoa tem seus padrões do que espera das outras pessoas, e isso varia conforme o local, a idade, a companhia, o humor, etc. Mas as técnicas de abordagem aqui ensinadas quebram essa barreira por tempo suficiente para você poder conversar com esta pessoa. Com essa conversa inicial, se seu desempenho for satisfatório, a pessoa terá outra imagem sua e o tratará de forma diversa daí para a frente.

Porém, como toda conversa é forma de comunicação e esta segue as regras de o emissor estabelecer contato com o receptor, e este trabalhar a mensagem recebida e devolver uma nova ou produzir algum estímulo, a invasão do território íntimo da outra pessoa será frutífera se ocorrer algumas situações.

Primeiro, é necessário que o receptor receba a mensagem. De nada adianta a intenção do emissor ser boa se não formulou uma mensagem para expressar o que deseja. Neste caso, encontram-se aqueles que flertam, gostam da pessoa, mas não estabelecem conta-

Dicas, Verdades e Mentiras   175

to com ela. Em outras situações, alguém tem um negócio importante a tratar com outra pessoa e fica só pensando nisso, mas nunca toma a iniciativa de ir falar com essa pessoa.

No mundo dos negócios isso acontece com freqüência, e as pessoas perdem grandes oportunidades por achar que não são capazes de ir falar com alguém.

Segundo, estabelecido contato com o receptor, é necessário que a mensagem seja clara e inteligível. Assim, é necessário treinar para expor as idéias na seqüência exata que o assunto pede, e de forma tão didática que já na primeira exposição o receptor não tenha dúvidas do que se trata. Muitas mulheres repelem o paquerador depois de uma abordagem bem-feita porque não entenderam direito o que ele estava dizendo ou não gostaram da forma expositiva. Cada entonação dá um entendimento diferente. O mesmo ocorre nos negócios, quando depois de uma chegada triunfal, ao abrir a boca você coloca tudo a perder.

Para evitar isso, muita leitura de jornal e assistir a noticiários ajudam. Repare na forma concisa e curta que jornalistas usam para deixar simples e lógica a apresentação de uma notícia às vezes complicada. O modo seguro de falar reflete conhecimento do assunto em tela. É claro que todas as leituras enriquecem, mas não espere que livros com temas técnicos ou literários reflitam essa técnica expositiva. Este é território de domínio dos jornalistas e é com eles que devemos aprender.

Terceiro, toda invasão de território íntimo se faz observando as reações que o outro vai demonstrando. O corpo fala de modo silencioso, e expressões simples, como uma careta, um subir de sobrancelhas ou o desvio de olhar, indicam que o assunto deve ser redirecionado. Existem no mercado muitas obras específicas sobre como observar as reações da outra pessoa e conhecer seu significado.

Nas paqueras ou nas atividades do dia-a-dia o relacionamento humano expressa-se sempre em formas de comunicação. Essa comunicação será efetiva se conseguirmos que o receptor capte nossa mensagem, entenda-a e nos forneça uma resposta. Essa resposta pode ser favorável ou não ao nosso desejo.

Quarto, para atender o objetivo de ter uma resposta que satisfaça nosso desejo, precisamos ir rapidamente interpretando as reações do ouvinte e moldando os estímulos que nossa mensagem carrega, para que eles provoquem no receptor uma seqüência de interpretações que, em síntese, o faça concordar conosco.

Para envolver pessoas é necessário que estas etapas da comunicação sejam realizadas com sucesso. Quando você dominar a técnica de interpretar rapidamente as respostas que seus estímulos provocaram no ouvinte e redirigir o rumo da conversa sempre objetivando que o receptor receba sua tese, exposta de modo claro, estará influenciando esta pessoa.

As técnicas de abordagem e de paquera aqui ensinadas servem para todos os tipos de relacionamento humano. Nos negócios, muitas vezes é necessário provocar um encontro de modo sutil, ou em uma entrevista mostrar o domínio da situação. A técnica de olho no olho deve ser utilizada no dia-a-dia, assim como respiramos, ou seja, a cada instante. Por ela, impomos nosso astral a ponto de pessoas menos seguras desviarem o olhar.

O deslocamento por qualquer lugar deve ser seguro a ponto de todos ao redor sentirem sua presença. Ao abordar seja sutil, porém firme. Isso vale para paqueras e para qualquer assunto com qualquer pessoa. Com o passar do tempo, você irradiará uma energia que contagia a todos a seu redor.

Pode-se envolver qualquer tipo de pessoa, mesmo a mais segura de si, porque não existe posição que não possa ser mudada. Nada é absoluto. Hoje sabemos que tudo é relativo. Sempre, em algum ponto, haverá chance de a posição dela ser vulnerável ou ainda não estar definida. Trabalhando neste calcanhar de Aquiles, consegue-se o objetivo desejado.